어디를 떠나도 자신있는
**이보영의 여행영어회화**

**어디를 떠나도 자신있는 이보영의 여행영어회화**(업그레이드 개정판)

**8쇄 발행** 2024년 1월 23일

**지은이** 이보영
**펴낸이** 박춘구
**편집주간** 조경희
**편집진행** 허은진
**영업관리** 박영선
**표지디자인** 구수연
**본문디자인 및 전산편집** 조수영
**일러스트** 김혜연, 김현아
**오디오 녹음 및 편집** 플레이백
**인쇄** 도트페이퍼

**펴낸곳** ㈜에이스컨프로
**출판등록** 2015년 10월 21일 제2015-000279호
**주소** 서울시 강남구 테헤란로43길 29, 2층
**내용 및 구입 문의** 02-529-7299
**팩스** 070-4275-0215
**이메일** help@aceconpro.co.kr
**홈페이지** www.keystonebook.co.kr

ISBN 979-11-960127-0-0  13740

이 책에 실린 모든 내용, 디자인, 이미지, 편집 구성의 저작권은 저자와 ㈜에이스컨프로에 있습니다.
저자 및 출판사의 허락없이 이 책의 일부 또는 전부를 무단 복제 · 전재 · 발췌할 수 없습니다.

**키스톤은** ㈜에이스컨프로의 **단행본 브랜드입니다.**

어디를 떠나도 자신있는

이보영의
# 여행
# 영어
# 회화

이보영 지음

## 프롤로그 — 해외여행, 이제 자신 있게 떠나세요!

안녕하세요? 오랜만에 여행영어로 새로이 인사드리게 되었습니다.
그동안 이곳저곳 멋진 곳을 많이 다녀보셨나요? 해외 관광지, 죽기 전에 꼭 가봐야 할 100곳 등 우리의 마음을 들뜨게 하는 명소들은 참 많지요. 그러나 사실 여행을 좀 더 알차고 뜻깊게 즐기기 위해서 정작 필요한 것은 '자유로움 freedom'과 '사람들과의 소통 communication with people'이 아닌가 합니다. 세계 곳곳에서 만나는 사람들과 가볍게 이야기를 주고 받고 그러다가 친해지면 더 길고 깊은 이야기를 나누는 자신의 모습을 상상만 해도 기분이 좋아지지 않으신가요?

자유롭게 머물고 떠날 수 있기 위해서 필요한 기본적인 의사소통 능력은 이제 여권이나 비자만큼이나 필수가 되었습니다. 수년 전 첫 출간되어 많은 분들의 사랑을 받았던 《이보영의 여행영어회화》, 이제 그동안 쌓인 경험과 지식 또 정보를 바탕으로 업데이트 된 개정판을 선보이게 되어 상당히 기쁩니다. 택시 대신 우버를 타고, 호텔 대신 Air B&B를 이용할 수 있게 된 오늘날 보다 자유로워진 여러분을 위해 《이보영의 여행영어회화》가 날개를 달아드릴 수 있다면 더없이 기쁘겠습니다.

이 책이 나오기까지 애써주신 조경희 주간님과 김원아 대표님,
그리고 허은진 선생님께 진심으로 감사드립니다.

그럼 모쪼록 건강히 즐겁게 여행 잘 다녀오세요!

2017. 4.
이보영 올립니다

**책의 특징** ▶ 이보영 여행영어회화, 이렇게 달라요!

### 여행과 영어 두 마리 토끼를 한꺼번에!
해외라는 긴장감과 영어라는 울렁증 때문에 해외 여행을 두려워하는 분들을 위해서 여행과 영어를 동시에 잡아드립니다. 여행가이드 책에서나 볼 수 있는 여행 꿀팁과 해외 여행 중에 발생할 수 있는 다양한 상황에서 쓰는 정말 유용한 영어표현까지, 어디를 떠나도 자신 있는 해외 여행을 만들어드립니다.

### 여행의 시작부터 마무리까지!
떠나는 비행기 안에서, 여행 중에, 돌아오는 비행기 안에서 일어날 수 있는 상황들까지, 밀착 시뮬레이션을 통해 해외 여행 중에 발생할 수 있는 거의 모든 상황에 대해 대처할 수 있도록 약 2,500개의 여행영어 표현을 알차게 담았습니다.

### 여행가서 길만 묻고 다닐 순 없다!
해외 여행에서 발생할 수 있는 상황은 너무나 다양합니다. 단순한 길 묻기에서 부터 쇼핑뿐만 아니라 맛집 탐방, 미술관 방문, 차량 렌트, 택스 리펀까지! 빠르게 변화하는 시기와 상황에 신속하게 대처할 수 있도록 최신 여행 경향에 맞는 새로운 상황의 표현들까지 충실하게 담았습니다.

### 막히면 보여라!《Survival Graphic Guide》
갑자기 말문이 막히고, 전혀 생각이 나지 않을 때 당황하지 말고 펼쳐서 보여주세요. 여행영어 중 최고 빈도 필수표현들을 그림과 함께 정리했습니다. 정말 급할 때 빠르게 표현을 찾고, 상대방과 말이 통하지 않을 때 그림을 보면서 의사를 전달할 수 있도록 구성했습니다. 휴대하기도 편한《Survival Graphic Guide》! 해외 여행의 필수 준비물입니다.

### 네이티브 음성의 MP3 파일 활용하자!
책 속 모든 문장을 네이티브의 음성으로 확인할 수 있습니다. TRAVEL STORY와 여행영어 표현사전 상단의 QR코드를 찍어 스마트폰에서 바로 듣거나 다운 받을 수 있으며, 키스톤 홈페이지(www.keystonebook.co.kr)에서도 무료로 다운 받을 수 있습니다.

## 책의 구성 — 이렇게 구성되어 있어요!

### EBY's Travel Information
여권 준비부터 짐 꾸리기, 쇼핑 정보, 안전사고 대비까지 즐거운 여행을 안전하게 다녀오기 위해서 꼭 알아야 할 여행 꿀팁을 알려드립니다.

### EBY's Special Travel Tip
더 많이 긴장하게 되는 아이와의 해외 여행, 알아두면 편리해지는 IT 관련 여행정보 등 좀 더 편하게, 좀 더 스마트하게 여행할 수 있는 특별한 여행 정보들을 모았습니다.

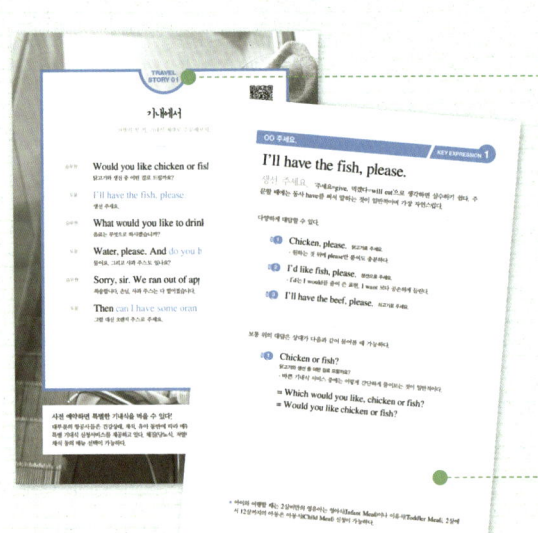

### TRAVEL STORY
실제로 여행지에서 누구나 겪을 만한 상황의 에피소드를 통해, 여행지에서 정말 필요한 표현들을 익힐 수 있도록 구성하였습니다. 또한 알아두면 여행이 편리해지는 소소한 해외 여행 팁을 함께 제시합니다.

### KEY EXPRESSIONS
TRAVEL STORY에서 배운 유용한 여러 표현 중, 반드시 알아야 할 표현들을 다시 한번 정리해드립니다.

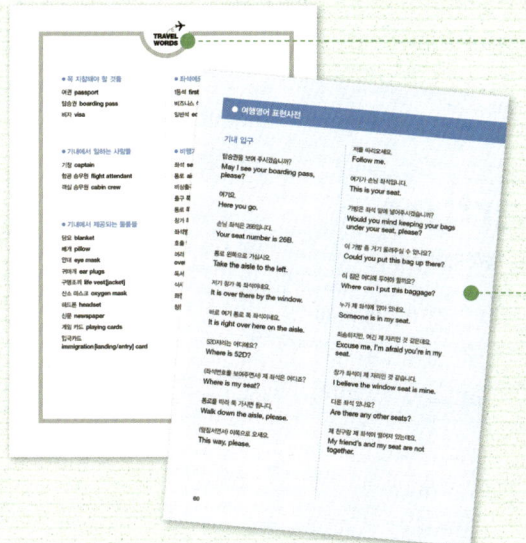

### TRAVEL WORDS
TRAVEL STORY 주제별로 해외 여행에 필요한 단어들을 모았습니다. 여행 중에 자주 사용할 만한, 그리고 평소 궁금했던 단어들까지 모두 한곳에 정리해서 보여드립니다.

### 여행영어 표현사전
여행 중에 '이럴 때 영어로 어떻게 말하지?', '이 말은 영어로 뭐라고 할까?' 등등의 궁금증을 속시원하게 날려줄 다양하고 유용한 표현들로 구성되어 있습니다. 길 묻기, 가격 묻기 등의 간단한 표현부터 택스 리펀, 차량 렌트, 유심 구매 등 다소 까다로운 상황의 표현들까지, 해외 여행 시 필요한 거의 모든 영어표현이 담겨져 있습니다.

### 《Survival Graphic Guide》
입이 안 떨어지거나 상대방이 알아듣지 못할 때 손가락으로 표현과 그림을 가리키면서 의사소통할 수 있도록 구성하였습니다. 해외 여행 필수표현과 다양한 그림들이 함께 담겨 있어 실제 여행에서 아주 유용하게 사용할 수 있습니다. 슬림하게 제작되어 여행 가방에 부담 없이 넣어갈 수 있습니다.

 차례

EBY's Travel Information · 12
EBY's Special Travel Tip · 38

## 01 Departure
**이것만 알아도 목적지에 간다!**

TRAVEL STORY 01   기내에서 · 48
TRAVEL STORY 02   비행기 환승하기 · 52
TRAVEL STORY 03   입국 수속하기 · 56

**여행영어 표현사전** · 60

기내 입구 / 기내식 / 기내 쇼핑
기내 요청사항 / 입국신고서
비행기 갈아타기 / 비행기를 놓쳤을 때
입국심사 / 짐 찾기 / 세관 검사
공항에서 정보 얻기 / 유심카드 구입

## 02 Accommodation
**이것만 알아도 잠은 잔다!**

TRAVEL STORY 04   숙소 체크인하기 · 72
TRAVEL STORY 05   인터넷 이용하기 · 76
TRAVEL STORY 06   숙소에서 불편사항 말하기 · 80

**여행영어 표현사전** · 84

숙소 예약 / 숙소 체크인 / 숙소 서비스
숙소 이용 불편 사항 / 숙소 체크 아웃

# 03 Getting Around
### 이것만 알아도 돌아는 다닌다!

**TRAVEL STORY 07**  걸어서 여행하기  • 94
**TRAVEL STORY 08**  택시·버스 타기  • 98
**TRAVEL STORY 09**  지하철·기차 타기  • 102
**TRAVEL STORY 10**  렌터카 이용하기  • 106

**여행영어 표현사전**  • 110

거리에서 길 묻고 답하기
버스 타기 / 택시 타기
지하철·기차 타기
렌터카 타기


# 04 Food
### 이것만 알아도 밥은 먹는다!

**TRAVEL STORY 11**  식당에서  • 122
**TRAVEL STORY 12**  패스트푸드·커피숍에서  • 126

**여행영어 표현사전**  • 130

식당에서 1 : 자리에 앉기 전
식당에서 2 : 테이블에서
식당에서 3 : 식사 중
식당에서 4 : 계산
패스트푸드 / 카페·바
슈퍼마켓

## 05 Shopping
**이것만 알아도 물건은 산다!**

**TRAVEL STORY 13** 구매·흥정하기 • 140
**TRAVEL STORY 14** 교환·환불하기 • 144

**여행영어 표현사전** • 148

쇼핑 전 / 쇼핑 중
택스 프리 / 쇼핑 후


## 06 Sightseeing
**이것만 알아도 관광은 한다!**

**TRAVEL STORY 15** 관광정보 수집·문의하기 • 156
**TRAVEL STORY 16** 관광시설 예약하기 • 160
**TRAVEL STORY 17** 관광시설 이용하기 • 164

**여행영어 표현사전** • 168

관광정보 수집·문의
투어 상품 / 관람 문의
티켓 예약·구매
관광시설 이용
사진 촬영

## 07 Emergencies
이것만 알아도 문제 없다!

**TRAVEL STORY 18** 물건을 분실했을 때 • 176
**TRAVEL STORY 19** 환전하기 • 180

### 여행영어 표현사전 • 184

물건 분실·도난
은행 / 우체국
아플 때 / 만남
대화 중


## 08 Arrival
이것만 알아도 집에 돌아간다!

**TRAVEL STORY 20** 귀국하기 • 194

### 여행영어 표현사전 • 198

예약 확인·변경
탑승 수속
택스(세금) 환급
면세 쇼핑

# 짐 꾸리기 완벽 가이드

### 여권

사진과 신상 기록이 있는 첫 페이지를 복사해서 한 장은 집에 두고, 한 장은 여행지에 가지고 간다. 혹시 여권을 분실한 경우, 여권 대신 사용할 수도 있다. 단, 여행지에 가져가는 복사본은 실제 여권과 따로 보관해서 함께 잃어버리는 일이 없도록 한다.

### 항공권

여행 스케줄, 유효기간 등의 세부 사항을 미리 숙지해 둔다. 사진으로 찍거나 스크린 캡처하여 휴대폰에 저장해두면 편하다.

### 화폐 및 신용카드

한국 화폐는 공항까지의 왕복 교통비 정도 외에 따로 많이 준비하지 않는 것이 좋다. 현지 화폐는 교통비, 간식비, 입장료, 기념품 구입비, 팁 등을 위해 소액권으로 준비하고, 신용카드는 비상시 혹은 신분 증명을 위해서 요긴하게 쓰일 수 있으므로 가져가는 것이 좋다. 단, VISA나 MASTER Card 와 같이 해외 사용이 가능한 것이라야 한다. 여권, 신용카드, 현금 등은 분실 우려가 있으니 여러 곳에 분산시켜 보관한다.

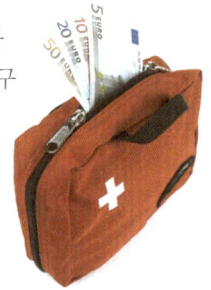

### 국제운전면허증 · 국제학생증

해외에서 운전할 계획이 있다면 반드시 미리 국제운전면허증을 발급받아 가져가야 한다. 만일 학생이라면 입장료 할인 등의 혜택이 많으므로 반드시 국제학생증을 챙겨 가도록 한다.

### 증명사진

여권 분실 등 만일의 경우를 대비해 2~3장 준비해 가는 것이 좋다.

### 작은 가방

여권, 티켓, 지갑 등 귀중품을 몸에 가까이 휴대하고 다닐 수 있도록 가벼운 크로스백 등이 좋다.

### 수첩과 펜

기내에서 입국신고서 작성을 시작으로 각종 서류 작성 시 요긴하다. 수첩은 들고 다니기 편한 것이 좋으며, 여기에 여권번호, 신용카드번호, 주요 전화번호 등을 적어가도록 한다. 휴대폰의 메모 기능을 활용해도 좋다.

### 책

자투리 시간에 유용하다. 잠깐이나마 머리를 식힐 수 있는 책이나 회화책을 추천한다.

: TRAVEL TIP : 여권 분실시 대처 방법

여권은 본인의 신분을 증명하는 중요한 기능을 하므로 철저한 관리가 필요하다. 국내에서 분실했을 경우에는 분실 즉시 지방자치단체 여권사무 대행기관에 분실 사실을 신고한다. 해외에서 분실했을 경우에는 가까운 대사관이나 총영사관에 신고하고, 여행증명서나 단수여권을 발급받도록 한다. 분실된 여권은 그 즉시 무효 처리되기 때문에 추후 타인이 습득한다 하더라도 사용 불가능하다.

## 옷

적은 개수로도 여러 벌의 효과를 낼 수 있는 것들, 어느 옷하고도 서로 맞추어 입을 수 있는 것들로 가져가는 것이 좋다. 그런 다음 옷을 반으로 접은 후 돌돌 말아 부피를 줄이면 가방 내부 공간을 보다 효율적으로 활용할 수 있다. 더운 지역을 여행하더라도 긴 소매의 얇은 가디건 등을 1벌 정도 준비해 가는 것이 좋다.

## 휴대폰

해외 로밍을 하지 않더라도 간단한 메모, 계산, 촬영 등의 기능을 최대한 이용하도록 한다.

## 유심 혹은 포켓 와이파이

요즘은 휴대폰을 가지고 해외 여행을 떠날 때, 해외 로밍 서비스를 신청하는 경우가 예전만큼 많지 않다. 보통 하루에 최소 9천원대로, 여행 일수가 늘어나면 그 비용이 만만치 않기 때문이다.

### 유심(USIM)

일정 기간 동안 데이터 사용뿐 아니라 통화나 문자를 무제한으로 사용할 수 있어 보통 일주일 이상의 여행을 하는 경우에 인기가 많다. 빠른 인터넷을 사용할 수 있고, 체류 기간과 국가에 따라 선택의 폭이 넓다는 장점이 있다. 다만 초기 설치 과정이 다소 복잡할 수 있으니 신중히 선택하도록 한다.

### 포켓 와이파이(Pocket Wifi)

흔히 '에그'라고 하는 휴대용 와이파이 공유기를 대여할 수도 있다. 보통 1대당 최대 10명까지 접속 가능하므로 여러 명이 함께 여행을 하는 경우에 효율적이다.

### 일정표

만일을 대비해 여행 일정표를 여분으로 복사해서 가족이나 지인에게 맡기고 간다. 비상 시 연락할 수 있는 유용한 방법이 된다.

### 기타 개인 용품

세면도구, 화장품, 속옷 등은 투명한 지퍼백에 각각 따로 넣어두는 것이 좋다. 가방을 열어 검사할 때 시간도 절약되고 여러모로 편리하다.

**: TRAVEL TIP :**  여권이 꼭 필요한 경우

- 비자 신청 및 발급할 때
- 한국에서 출국 수속할 때
- 해외 도착해서 입국 수속할 때
- 해외 호텔에 투숙할 때
- 해외에서 렌터카 이용할 때
- 국제운전면허증 발급할 때
- 면세점에서 면세품 구입할 때
- 환전할 때
- 해외에서 한국으로부터 송금된 돈을 찾을 때
- 한국으로 귀국 수속할 때

**TRAVEL INFORMATION 2**

# 출발 전 공항에서

### 탑승 수속

공항에 도착하면 이용할 항공사의 탑승수속 카운터 위치를 확인하고, 위탁수하물로 부칠 짐과 기내에 가지고 들어갈 짐을 다시 한번 점검한다. 기내반입 금지 물품은 반드시 위탁 수하물로 부칠 짐에 넣어야 한다.
확인을 마쳤으면 여권과 항공권, 짐을 가지고 해당 항공사의 탑승수속 카운터로 간다. 이때 온라인 탑승 수속 혹은 셀프 체크인 기기를 이용하면 보다 빨리 수속을 마칠 수 있다.
기내 좌석의 경우, 통로 쪽은 다리를 펼 수 있는 공간이 확보되며 이동이 용이한 장점이 있는 반면 창가 쪽 승객이 이동할 때마다 매번 자리에서 일어나 줘야 하는 번거로움이 있을 수 있다. 창가 쪽은 창 밖의 풍경을 감상할 수 있는 반면 이동할 때마다 옆 승객의 양해를 구해야 하는 불편함이 있다.
일행과 나란히 앉기를 원한다면, 일행의 이름을 말하고 좌석 배정을 부탁할 수 있다.

**도심공항터미널 이용**
도심공항터미널에서 탑승 수속 → 공항으로 이동 → 출국장 측면 전용통로 이용 → 보안검색대 통과 → 도심승객 전용 출국심사대 통과 → 탑승구 이동 → 탑승


**수하물 보내기**
기내 반입 수하물의 경우 개당 55cm×40cm×20cm의 크기에 7~12kg의 무게까지 반

입이 가능하나 항공사나 좌석 등급별로 차이가 있으므로 미리 확인하는 것이 좋다.
위탁수하물의 경우 역시 항공사나 목적지, 좌석 등급에 따라 차이가 있지만 통상적으로 30kg 이하인 것에 한해 2개까지 가능하며, 좌석을 구입한 유아의 경우에도 동일하게 적용된다. 만약 무게가 초과됐다면 해당 항공사의 기준에 따라 추가운임을 지불해야 한다.
카메라, 노트북 등 화물칸으로 운반 시 파손 위험이 있는 물품들은 직접 휴대하고, 위탁수하물은 다른 여러 수하물들 사이에서 식별이 가능하도록 이름, 목적지, 이메일 주소 등을 영문으로 써 붙인 후 리본이나 스티커 등으로 눈에 띄게 표시해둔다.
간혹 모르는 사람이 수하물 운송을 대신 부탁해오기도 하는데, 이때는 반드시 거절해야 한다.

### 액체, 젤, 에어로졸도 이런 경우에는 기내휴대 OK

생수, 음료, 술, 향수, 스킨토너, 식품, 휘발유 등의 액체와 고추장, 된장, 샴푸, 치약, 크림 등의 젤 제품, 헤어스프레이나 살충제 등의 에어로졸은 각각 100ml(cc) 이하, 인당 총 1L, 투명 지퍼백 1개에 담은 경우에는 기내반입이 가능하다. 100-1-1을 기억하자!

- **100:** 용기에 표기된 정량 100ml(cc) 이하를 기준으로 한다. 정량이 150ml라고 표기된 용기에 내용물이 80ml 정도만 채워 있다고 해서 기내에 반입할 수 있는 것이 아니다.
- **1:** 100ml짜리 이하의 용기가 1개 이상일 경우, 모두 합쳐 1L의 규정이 적용된다. 1L짜리 지퍼백(20cm×20cm)에 모두 들어가야 하며, 지퍼가 완전히 잠겨야 한다.
- **1:** 1L짜리 지퍼백은 1인당 1개까지만 휴대할 수 있으며, 개별적으로 준비해야 한다.

휴대 가방과는 별도로 투명 지퍼백 휴대 사실을 보안검색요원에게 신고해야 하며, 검색요원의 확인이 끝나면 지퍼백을 X-ray 검색대 위에 놓고 통과시킨다.

그러나 예외적으로, 유아를 동반한 경우에 한해 유아용 우유나 음식은 용량에 상관 없이 얼마든지 휴대가 가능하다. 의약품 역시 제한 없이 기내에서 필요한 분량만큼은 휴대가 가능하다. 하지만 이 경우에도 검색요원에게 미리 휴대 사실은 신고해야 한다.

### 면세품 중 액체, 젤, 에어로졸은 이런 경우에만 기내휴대 OK

최종 검색 후 공항 면세점에서 구입했거나, 시내 면세점에서 구입한 후 공항에서 인도받은 액체, 젤, 에어로졸의 경우에도 기내 반입이 가능하다. 다만 물품 구입시 제공된 투명 봉인봉투에 영수증과 함께 포장되어 있어야 하며, 최종 목적지에 도착할 때까지 봉투를 개봉하거나 훼손해서는 안 된다.
이 두 가지 조건에 모두 만족한다면 용량에 제한 없이 기내에 반입할 수 있다.

### 기내 휴대가 안 된다고 할 경우

안타깝지만 해당 물품을 포기하거나, 부득이 하게 포기할 수 없는 물품이라면 위탁수하물로 처리해야 한다. 하지만 이럴 경우 다시 출국장 밖의 해당 항공사 체크인 카운터로 가서 추가요금을 부담하고 짐을 부쳐야 하는 등의 시간적·경제적 부담이 따르고, 비행기 탑승 시각까지 여유가 있을 때만 가능함으로 각별히 주의한다.

### 기타 유의사항

보다 엄격해진 절차로 인해 출국 수속 시간이 길어질 수 밖에 없다. 국제선의 경우 기존의 2시간을 3시간 정도로 여유 있게 계산해 좀더 일찍 공항에 도착할 수 있도록 한다. 기내반입 금지 물품은 짐을 꾸릴 때부터 염두에 두고 체크인 할 때 반드시 위탁수하물로 부치고 기내에는 여권, 항공권, 지갑, 카메라, 귀중품 등 가능한 꼭 필요한 물품만 가지고 들어가는 것이 좋다.

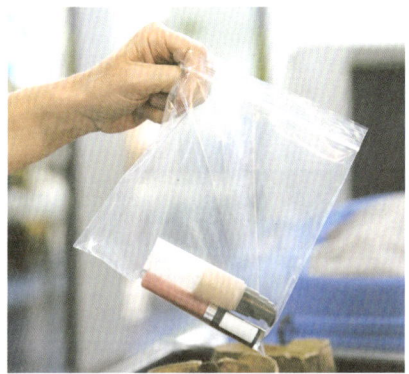

## 병무 · 검역 신고

병역의무자가 해외 여행을 하고자 할 때는 우선 병무청에서 국외여행허가증명서를 발급받은 후, 공항 출국 시 법무부 출입국에 제출해야 한다. 대상은 25세 이상 병역미필자, 나이와 상관없이 현재 병역 근무 중인 자(공익근무요원, 산업기능요원 등)이다. 단, 아직 입대하지 않은 24세 이하의 경우에는 출입국에 별도의 제한이 없다.

## 세관 신고

여행을 마치고 입국하는 기내에서 세관신고서를 받게 되는데, 국내면세점 구입물품과 외국에서 구입한 물품의 가격이 $600를 초과하면 세관 신고를 해야 한다.
이때 $600를 초과한 금액에 대해서만 세금이 부과되며, 자진 신고를 한 경우 납부해야 할 세금의 30%를 15만원 한도 내에서 감면해준다. 하지만 신고하지 않은 상태에서 적발된 경우에 납부해야 할 세금의 40%에 해당하는 가산세가 부과되니 각별히 신경 쓰도록 한다.

## 보안 검색

출국장 게이트에 들어갈 때 여권과 탑승권을 보여준다. 신발을 벗어서 검색대에 마련된 바구니에 넣어 컨베이어 벨트에 올려놓고, 외투나 가방 등의 모든 휴대물품도 컨베이어 벨트를 통과시켜야 한다. 옷 주머니에 들어있는 휴대폰, 동전, 열쇠 등의 금속 재질 물품들도 모두 꺼내 바구니에 넣어야 한다.
유아의 경우, 유모차나 아기띠에서 미리 내려 부모와 함께 통과하도록 한다. 성인 1명이 유아 2명 이상을 동반한 경우 Fast Track을 이용할 수 있어 보다 빨리 보안 검색 과정을 마칠 수 있다.

## 출국 심사

여권, 탑승권을 준비하여 출국심사대 앞에 그려진 대기선에서 차례를 기다린다. 자신의 차례가 오면 심사관에게 여권과 탑승권을 제시하는데, 이때 가족은 한 심사대에서 한꺼번에 심사를 받을 수 있다. 자동출입국심사 서비스를 이용하면 보다 빠르게 출입국 심사를 마칠 수 있다.

일단 출국심사대를 통과하면 다시 일반 지역으로 나올 수 없으니 잊은 것이 없는지 주의해야 한다.

## 탑승

탑승은 일반적으로 항공기 출발 30분 전에 시작하여 10분 전에 마감된다. 자신의 탑승구 위치를 확인하고 탑승 시간에 늦지 않도록 항상 체크하도록 하고, 시내 면세점에서 구입한 물품이 있다면 탑승 시간 전에 면세품 인도장이나 탑승구에서 인도 받는다.

유아를 동반한 경우, 우선 탑승할 수 있으니 안내 방송에 귀 기울이며, 출국장 안으로 가져온 휴대용 유모차의 경우에는 잘 접어 탑승구에 있는 항공사 직원에게 전달하면 알아서 처리해준다.

**TRAVEL TIP : 영어로 알아두면 요긴한 준비물들**

|  |  |
| --- | --- |
| 반짇고리 | sewing kit |
| 렌즈 | contact lenses |
| 치약 | toothpaste |
| 칫솔 | toothbrush |
| 린스 | conditioner |
| 자물쇠 | padlock |
| 우산 | umbrella |
| 헤어드라이기 | blow dryer |
| 고데기 | hair iron |
| 기름종이 | blotting paper |
| 비닐봉투 | plastic bag |
| 일회용 반창고 | band-aids[sticking plaster] |
| 한약 | Chinese medicine |
| 목욕타월 | shower sponge[towel] |
| 선크림 | sunscreen[sunblock] |
| 노트북 컴퓨터 | laptop computer |
| 손톱깎이 | nail clipper |
| 일회용 면도기 | disposable razor |
| 눈썹칼 | eyebrow razor |
| 족집게 | tweezers |
| 면봉 | cotton swab |
| 맥가이버 만능칼 | pocket[Swiss Army/multi-tool] knife |

**TRAVEL INFORMATION 3**

# 면세점 100% 활용하기

해외 여행자의 특권 중 하나가 바로 면세점 이용이다. 생각보다 다양한 방법으로 면세품을 구입할 수 있으니 잘 알아보고 이용하도록 하자.

내국인은 1인당 미화 $3000까지만 구입 가능하다. 하지만 국내 입국 시 면세 한도는 최대 $600까지이다. 이 경우, 면세물품은 외국/내국 물품 모두 포함이고, 해외에서 구입한 물품과 출국 시 국내면세점에서 구입한 물품도 모두 포함이다. 해외에서 선물 받은 물품도 포함이니 주의해야 한다.

### 시내 면세점

시내의 일부 호텔이나 백화점 내에 있는 시내 면세점은 출국 한달 전부터 구입이 가능해 공항에서 시간에 쫓겨 급히 쇼핑을 끝내야 하는 것에 비하면 훨씬 여유롭다.
항공권 발급 전이거나, 당장 항공권을 소지하지 않았더라도 출국 스케줄을 알면 여권만 가지고도 물건을 구입할 수 있다. 단, 출발 6시간 전까지만 이용 가능하다.
원화, 엔화, 미화, 신용카드 등으로 결제 가능하며, 공항 면세점보다 물품이 다양하고, 눈으로 꼼꼼히 살피며 비교할 수 있고, 해당 면세점의 VIP 카드나 세일기간을 잘 이용하면 보다 저렴하게 구입할 수 있는 장점이 있다. 그러나 물품 수령은 반드시 출국 시 공항에서만 가능하다.
공항 면세구역 내에 있는 해당 면세점의 상품인도장에서 교환권, 여권, 탑승권을 제시한 후 물품을 수령하는데, 이때 구입한 물품이 맞는지 잘 확인하고 인수란에 서명해야 한다. 일단 출국한 후에는 물건에 이상이 있어도 보상 받기 힘들기 때문에 그 자리에서 바로 확인하고 이상이 있으면 즉시 직원에게 알리도록 한다.

### 인터넷 면세점

아마 요새 가장 많이 이용하는 방법이 아닐까. 인터넷 면세점의 가장 큰 장점은 다양한 쿠폰과 할인을 통한 가격 경쟁력이다. 눈으로 확인할 수 없다는 단점이 있지만, 시내 면세점을 방문하여 관심 물품을 미리 살펴본 후에 실질적인 구입은 인터넷 면세점에서 보다 저렴하게 하는 알뜰족이 늘어나고 있는 추세이다.

### 공항 면세점

공항 면세점은 출국심사대를 통과하면 바로 이어지는 면세구역 내에 위치해 있는데, 항상 비행기 출발 시각을 염두에 두고 시간 내에 쇼핑을 마치도록 한다.
원화, 엔화, 미화, 신용카드 등으로 결제 가능하며, 시내 면세점 쇼핑 중 미처 구입하지 못한 담배, 건전지 등 간단한 물건들을 구입할 것을 권한다.
입국시 국내 공항 면세점은 이용할 수 없다.

### 기내 면세점

비행기 안에서도 면세 쇼핑이 가능하다. 각 좌석 앞 주머니에 마련된 책자를 보고 물품을 선택하면 된다. 단, 기내 면세판매 시간 동안에만 구입할 수 있다.
시내 면세점이나 공항 면세점보다 저렴한 경우도 있지만 물량이나 종류가 한정되어 있어 찾는 물건이 없거나 품절되는 경우가 많다는 단점이 있다.
대한항공 이용객의 경우, 귀국 시에도 대한항공을 이용한다면 좌석 앞 주머니에 마련된 귀국편 예약주문서를 작성해 승무원에게 제출하여 물건을 구입할 수도 있다. 이때 물건은 돌아오는 비행기 안에서 결제 후 받게 된다.

## 세금 환급(Tax Refund)

공항이나 기내 면세점이 아니라도 저렴한 가격으로 물품을 구입할 수 있는 방법이 있다. EU 22개국과 미국, 호주, 캐나다, 일본 등 많은 국가에서 실시하고 있는 부가가치세 환급제도(Tax Refund)를 이용하는 것이다.

원래 부가세는 자국에서 소비되는 물건에만 부과되는 것으로, 외국에서 구입한 물건을 한국으로 가지고 들어오는 경우, 출국 전 현지 공항에서 부가세를 환급받을 수 있다. EU 국가를 여행할 때에는 마지막으로 나오는 나라의 공항에서 환급을 받는다.

① 시내 상점 중 Tax Free [Refund] Shopping이라는 사인이 붙어있는 곳에서 물건을 산다. 이 사인이 없는 곳에서 산 물건에 대해서는 부가세를 돌려받을 수 없다.
② 계산 시 직원에게 Can I get a tax refund on this?(이거 세금 환급 받을 수 있어요?)라고 묻는다. 그래야 환급 절차 시 필요한 서류를 받을 수 있다.
③ 직원이 환급전표(Refund Cheque)를 주면, 여기에는 환급전표 원본, 구입자 보관용, 리펀드사 보관용 이렇게 3장이 들어있으므로 잘 챙겨놓도록 한다.
④ 세관에서 환급전표(Refund Cheque)와 구입한 물품을 보여주고 확인 스탬프를 받는다.
⑤ 공항 면세구역 내에 위치한 환급 창구(Cash Refund/Tax Refund Counter)에 가서 환급전표를 제출하고 현금으로 돌려받는다.

요즘에는 대부분의 공항에서 자동화 기계를 통해 세금 환급 신청을 할 수 있다. 기계에 영수증의 바코드를 갖다 대면 접수처리가 되고, 이때 출력되어 나오는 영수증을 가지고 세금 환급 창구에 가면 세금 환급금을 현금이나 신용카드로 돌려받을 수 있다.

세금 환급방법이나 최저구입금액 범위 등은 나라별로 상이하니 여행할 나라의 최신 제도를 미리 확인하여 알뜰한 소비를 하도록 한다.

**TRAVEL INFORMATION 4**

# 기내 미리보기

**좌석**

부득이하게 일행과 떨어져 좌석이 배정된 경우에 어느 정도 좌석이 정돈된 후에 양해를 구하고 바꾸는 것이 좋다.
자리에 앉아 있는 동안에는 가능한 안전벨트를 반드시 착용하도록 하고, 의자를 뒤로 젖힐 때는 뒷사람에게 불편을 주지 않을 정도까지만 젖히도록 한다.
비행기 이착륙 시나 기내식 서비스가 시작될 때는 젖혔던 의자를 원위치 시켜야 한다.

**화장실**

기내 화장실은 남녀공용이므로 사용할 때 각별히 주의를 기울여야 한다. 화장실을 사용 중일 때는 빨간불로 OCCUPIED라고 표시되고, 비어 있을 때는 녹색불로 VACANT라고 표시되므로 사용 전에 반드시 표시등을 확인하도록 한다.
기내 화장실 중에서 'PUSH'라고 써 있는 문은 가운데 부분을 살짝 밀면 반으로 접히면서 열린다.

일단 화장실에 들어갔으면 문고리를 반드시 잠가야 한다. 그래야 문 밖에 빨간색으로 OCCUPIED라고 불이 들어오기 때문이다.
변기 사용 후에는 TOILET FLUSH 버튼을 눌러 깨끗이 처리하고, 사용한 수건은 TOWEL DISPOSAL에 버린다.

### 기내식

기내에서 식사나 음료 서비스를 받으면 Thank you. 등의 감사 인사를 승무원에게 건네도록 하자.
비행기 안에서 술을 마시면 기내 기압으로 인해 평소보다 빨리 취하게 되므로 공짜로 제공되는 술이라 할지라도 본인의 주량을 체크해가며 적당히 마시도록 한다.

### 소지품

카메라와 같이 깨지기 쉬운 물건이나 여권, 필기도구 등을 넣은 작은 손가방은 앞 좌석 밑에 놓는 것이 편리하다. 아이를 동반한 경우, 아이 간식이나 장난감 또한 손쉽게 꺼낼 수 있는 곳에 두도록 한다.
핸드크림, 립글로스 등의 튜브형 제품들은 기내에서는 가능한 열지 않는 것이 좋은데, 기내 기압으로 인해 많은 양의 내용물이 끊임없이 흘러나올 수 있기 때문이다.

### TRAVEL TIP : 알아두면 유용한 기내 에티켓

- 승무원의 도움이 필요할 때는 팔걸이에 있는 사람 그림의 'CALL BUTTON'을 누르거나, 승무원이 가까이 있다면 작은 소리로 부른다. 지나가는 승무원을 쿡쿡 찌르는 행위는 굉장히 무례한 행동이다.
- 장시간 비행시 간편한 옷차림이나 슬리퍼를 이용하는 것이 좋지만, 맨발로 다리를 꼬고 앉거나 내의만 입고 돌아다니는 등의 무례한 행동으로 다른 사람들에게 불편을 주지 않도록 한다.
- 착륙시에는 비행기가 안전한 위치에 완전히 정지했을 때 자리에서 일어나도록 한다. 비행기 바퀴가 땅에 닿는 순간, 여기 저기서 안전벨트를 풀거나 심지어 머리 위 선반에서 짐을 꺼내는 경우가 있는데, 이는 매너에도 어긋나면서 위험한 행동이므로 삼가도록 한다.

TRAVEL
INFORMATION 5

# 숙소 이용하기

**예약**

여행사를 통하거나 인터넷 사이트를 이용해 미리 예약을 하고 가는 것이 좋다. 최근에는 AIR B&B도 크게 인기를 끌고 있다.

**에어비앤비 AIR B&B(www.airbnb.co.kr)**
세계 각국의 현지인들이 살고 있는 가정집을 전세계 여행자들과 공유하는 사이트로, 웹사이트 혹은 APP에서 회원가입 후 전화번호 인증을 받고 신용카드 등록을 한 후 이용한다. 이때 본인의 프로필을 간략하게나마 작성해두면 현지 호스트의 수락을 얻을 확률이 높아진다.
위치, 체크인·체크아웃 날짜, 최대 가능 인원, 객실 타입 등을 검색해서 호스트가 올려 놓은 사진이나 사용 후기를 참고하여 선택하고, 체크인·체크아웃 시간, 숙소 이용규칙, 환불 정책 등도 꼼꼼히 확인한 뒤 예약한다.
즉시 예약(Instant Book)의 경우, 호스트와 따로 연락할 필요 없이 바로 예약·결제할 수 있다. 호스트와 연락이 필요한 집의 경우에는 간단한 자기소개, 여행의 목적 등을 써서 보낸 후에 결제가 가능하다. 단, 결제가 완료되었더라도 호스트의 수락이 떨어져야 최종 예약이 완료된 것이므로 주의하자.
안전한 여행을 위해서는 무엇보다 신뢰도가 높은 호스트를 찾는 것이 중요하므로 예약을 하기 전에 호스트의 프로필을 세심히 확인하고, 메시지 응답률 등도 신중히 체크해야 한다.

### 체크인 · 체크아웃

체크인 시간은 숙소에 따라 다소 차이가 있지만 대개 오후 12시에서 2시 사이이다. 늦어도 저녁 8시에서 9시 사이에는 체크인이 마감되므로 도착이 늦어질 경우 숙소에 미리 연락을 취해 예약이 자동 취소되는 일이 없도록 해야 한다.

일부 숙소의 경우 체크인 할 때 'Deposit Money'라는 추가 보증금을 요구하기도 하는데, 이는 시설물 파손 시 보상 등 만일을 위한 것으로 체크아웃 시 되돌려 받게 된다.

짐이 많을 경우에는 포터에게 부탁한 후 약간의 팁으로 보답하고, 귀중품은 프론트 데스크에 맡겨두는 것이 가장 안전하므로 객실에 두지 말고 프론트 데스크에 맡겨둔다.

### 객실

카드 형식의 객실 열쇠는 문에 있는 키박스에 살짝 대거나 꽂았다 뺀 후 초록불이 들어올 때 문 손잡이를 돌리면 문이 열린다.

외출 시에는 프론트 데스크에 열쇠를 맡기고 나가는 것이 좋은데, KEY DROP이라고 쓰여진 곳에 열쇠를 넣기만 해도 되는 곳이 있다. 문을 닫으면 자동으로 잠기는 경우가 많으니 잠깐 외출할 경우라도 반드시 방 열쇠를 소지하도록 하고, 숙소에 따라서는 열쇠 분실 시 벌금을 부과하는 경우도 있으니 주의한다.

옷장이나 서랍 안에 금고가 마련되어 있는 호텔도 있으니 사용법을 잘 읽어본 후 귀중품을 보관하도록 하고, 베란다가 있는 객실의 경우 베란다 문이 자동일 수 있으므로 사전에 확인하고 이용한다.

객실 내 미니바에 비치된 음료들은 가격이 시중보다 많이 비싸다. 간혹 음료를 꺼냄과 동시에 자동으로 계산되는 미니바도 있으니 주의한다. 그러나 미니바 위에 비치된 차, 커피 종류는 무료로 제공되는 것이니 마음껏 이용하자.

침대 위에 접혀있는 커버가 이불이므로 프론트 데스크에 전화해 이불이 없다고 불평하는 일이 없도록 한다.
체크아웃하기 전에 침대 베개 위에 1~2달러 정도의 팁을 놓고 나와야 한다.

## 욕실

외국의 욕실은 욕조 바깥에 따로 배수구가 없는 경우가 많아서 샤워할 때 샤워커튼을 반드시 욕조 안으로 넣어 밖으로 물이 튀지 않도록 조심해야 한다.

욕실에는 다양한 사이즈의 수건이 비치되어 있는데, 각각의 용도를 잘 알고 쓰도록 한다. 가장 작은 것은 손을 씻거나 세안할 때, 조금 뻣뻣하고 두꺼운 중간 크기의 것은 발매트처럼 욕실 입구에 깔아 발을 닦을 때, 가장 길고 큰 것은 목욕 후 몸을 닦을 때 사용한다.

수돗물이 안전하지 않은 지역이라면 목욕할 때 물이 입에 들어가지 않도록 주의한다. 이때 구강청정제를 한입 가득 물고 있으면 도움이 된다. 무의식 중에 입을 벌리지 않게 되고, 행여 코나 눈을 통해 물이 들어갔다고 해도 크게 문제가 되지 않는다.

대부분의 지역에서 일반적으로 온수는 H(HOT), 냉수는 C(COLD)로 표시한다. 하지만 이탈리아에서는 Cauldo, 프랑스에서는 Chaud라고 하여 온수를 C라고 표시하는 지역도 있으니 주의 깊게 살펴보고 사용한다.

**: TRAVEL TIP :** 호텔 서비스 이용하기

- 투숙 중에 아무런 방해도 받고 싶지 않을 때에는 방문 밖에 DD카드 혹은 DO NOT DISTURB라고 쓰인 패찰을 걸어두면 된다.
- 옷장 속에는 보통 LAUNDRY 혹은 DRY CLEANING이라고 적힌 비닐봉투가 비치되어 있는데, 세탁 서비스를 이용하고자 할 때 여기에 세탁물을 넣어서 맡기면 된다. 여행 중 빨랫감 등을 따로 넣어 보관할 때 유용하게 쓰이기도 한다.

# TRAVEL INFORMATION 6
# 식당 이용하기

식당은 서빙의 형식이나 음식의 수준 등에 따라 다양한 형태로 불린다. 가장 일반적인 형태로, 테이블에 앉아서 서비스를 받을 수 있는 곳을 레스토랑(Restaurant), 화려하지 않은 분위기에 부담 없는 가격으로 간단한 식사를 할 수 있는 곳을 비스트로(Bistro), 학교 식당과 같이 직접 음식을 가져다 먹어야 하는 셀프 서비스 형태는 카페테리아(Cafeteria)라고 한다.

### 입구에서

우리나라의 식당과 달리 외국의 식당은 반드시 입구에서 웨이터가 안내해 줄 때까지 기다리는 것이 예의다.

식당 입구에 'Walk-Ins Welcome'이라는 사인이 있으면 예약을 하지 않고도 식사를 할 수 있지만, 유명한 식당이나 고급 레스토랑의 경우 웹사이트나 전화로 미리 예약을 하고 가는 것이 안전하다. 또 고급 레스토랑의 경우 격식에 맞는 옷차림을 하지 않으면 입장이 불가할 수도 있으니 예약할 때 미리 복장 규칙(dress code)을 물어보도록 하자. 입구에서 코트나 모자 등을 맡길 경우에는 반드시 약간의 팁으로 성의를 표한다.

### 식사 중

테이블에 앉으면 준비된 냅킨을 무릎 위에 펼쳐 음식물이 옷에 떨어지지 않도록 한다. 이 냅킨으로 가볍게 입을 닦아도 되지만, 립스틱을 닦아내는 것은 매너에 어긋나며, 테

이블에서 이쑤시개를 사용하거나 트림을 하는 일, 화장을 고치는 일 등도 삼간다.
빵을 먹을 때는 버터나 잼을 빵 전체에 한꺼번에 바르지 말고 한입 크기로 빵을 자른 후 그때 그때 발라먹고, 포크나 나이프가 떨어졌을 경우에는 직접 줍지 말고 웨이터를 불러 새 것을 달라고 한다.
만약 뷔페 식당이라면 한 줄로 서서 순서를 지켜가며 음식을 담도록 하고, 한꺼번에 너무 많은 양을 담지 말고 조금씩 여러 번 이용하는 것이 좋다.
식사 중 잠시 자리를 뜨려면 사용하던 포크와 나이프를 八자 형태로 접시 위에 두고, 무릎에 덮었던 냅킨은 의자 위에 두고 일어나야 한다.
서양에서는 음식을 먹을 때 가능한 소리를 내지 않는 것이 테이블 매너이지만, 일본에서는 면류를 먹을 때 소리를 내서 먹어야 맛있게 먹는다는 표현이 되니 알아두자.

## 식사 후

음식을 다 먹었다면 무릎에 덮었던 냅킨을 대충 접어 테이블 위에 올려놓은 후 웨이터에게 계산서(bill)를 가져다 달라고 한다. 테이블에서 웨이터를 통해 바로 계산을 하는 곳이 많으니, 일단 웨이터에게 미리 물어보고 자리에서 일어나는 것이 좋다.
팁은 일반적으로 전체 금액의 15~20%가 적당하며, 계산서 아래 EXTRA TIPS 칸에 주고 싶은 만큼의 팁 금액이나 %를 적으면 신용카드 결제 시 합산된다. 간혹 일부 레스토랑에서는 팁을 고객이 선택하는 것이 아니라 계산서에 미리 포함되어 나오는 경우도 있는데, 계산서에 Tip이나 Gratuity라는 항목이 있다면 이미 팁이 포함되어 있는 것이므로 별도로 팁을 지불할 필요가 없다.

**TRAVEL INFORMATION 7**

# 팁(TIP) 문화 적응하기

서양에서는 호텔, 식당 등에서 서비스를 제공받으면 팁(TIP)으로 답례를 하는 것이 예의다. 특히 북미지역의 경우, 서비스업 종사자의 급여는 대부분 팁으로 채워지기 때문에, 일부러 서비스에 대한 불만족을 어필할 경우를 제외하고는 반드시 팁을 지불해야 한다. 하지만 팁이라는 게 얼마를 줘야 하는지 정해져 있는 것이 아니고, 가뜩이나 팁 주는 행위 자체도 어색한 우리로서는 여간 적응하기 어려운 게 아니다.

## 팁 문화가 가장 발달한 미국·캐나다에서는 보통 이럴 때 이만큼 준다

### 공항에서 짐 들어주는 포터
가방 한 개당 $1, 유난히 크거나 무거운 가방일 경우에는 $2를 준다.

### 호텔 도어맨
호텔 앞 길에 나가 택시를 잡아주면 $1, 전화로 택시를 불러주면 $2를 준다.

### 호텔에서 짐 들어주는 포터
가방 한 개당 $1~2, 가방이 여러 개라면 개수와 상관없이 $5 정도를 준다.

### 호텔 객실 청소
호텔의 급에 따라 다르지만 보통 1박에 $2~5 정도로 계산하는데, 그날 그날 줘도 되고 체크아웃할 때 한꺼번에 줘도 된다.

#### 레스토랑
전체 식사비의 15~20% 정도로, 신용카드로 할 때는 계산서 아래 EXTRA TIPS 칸에 따로 적어 카드 요금에 합산 청구되도록 한다.

#### 택시
보통 택시 요금의 10% 정도로, $2~5로 생각하면 되고, 무거운 짐을 실은 경우에는 개당 $1를 추가로 준다.

### 팁 문화, 나라마다 이렇게 다르다

택시의 경우를 예로 들면, 미국에서는 미터기에 표시된 요금의 10~15% 정도에 해당하는 팁을 주는 것이 일반적이며 때로는 거스름돈을 받지 않는 것으로 팁을 대신하기도 한다. 한편 유럽에서는 택시에서 팁을 주지 않아도 상관없지만 거스름돈이 동전일 경우에는 받지 않는 것이 예의다.
그러나 대부분의 아시아 국가에서는 거의 모든 상황에서 팁을 주지 않아도 괜찮다. 이미 금액에 서비스 봉사료가 포함된 경우가 많기 때문이다.

#### 영국
대부분의 음식 가격에 이미 팁이 포함되어 있다. 그 외의 상황에서는 미국과 비슷하게 팁을 준다.

#### 프랑스
요금에 이미 포함되어 있지만 보통은 금액의 5% 정도를 팁으로 준다.

#### 독일
레스토랑 테이블에 팁을 놓고 가는 것은 예의에 어긋나므로, 반드시 담당 서버에게 직

접 준다.

### 동유럽 국가들
팁은 주로 현금으로 준다. 신용카드로 결제를 하더라도 팁 만큼은 따로 현금으로 주는 것이 좋다.

### 홍콩
아시아에서 유독 팁 문화가 발달한 나라로, 요금에 이미 포함되어 있더라도 10% 정도의 팁을 따로 주는 것이 좋다.

### 일본
대부분의 경우 이미 '서비스 요금'으로 팁이 포함되어 있다. 별도의 팁을 받는 것을 단호하게 거절하는 곳도 있으니 주의한다.

**: TRAVEL TIP : 안전 사고에 대비하자 1**

- 소지품 관리에 각별히 주의하자. 공공장소에서는 반드시 짐 곁에 붙어 있고, 잠시도 시선을 떼지 않는 것이 좋다.
- 수돗물이 안전하지 않은 지역을 여행한다면 반드시 병에 든 생수를 사서 마시도록 한다.
- 여성 혼자 여행하는 경우라면 특히나 안전에 주의해야 한다. 일행이 있는 것처럼 행동하거나 미혼이더라도 반지를 껴서 결혼했다는 표시를 하는 것도 좋다.
- 많은 남성들이 바지 뒷주머니나 재킷 안쪽에 지갑을 휴대하는 것을 볼 수 있는데, 이는 여행지에서 소매치기의 표적이 되기 쉬우므로 바지 앞 주머니를 이용하도록 한다.

TRAVEL
INFORMATION 8

# 문화를 알면 여행이 즐거워진다

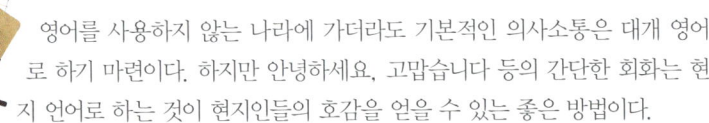

영어를 사용하지 않는 나라에 가더라도 기본적인 의사소통은 대개 영어로 하기 마련이다. 하지만 안녕하세요, 고맙습니다 등의 간단한 회화는 현지 언어로 하는 것이 현지인들의 호감을 얻을 수 있는 좋은 방법이다.

우리나라에서는 도저히 상상도 할 수 없는 일이지만, 서양에서는 나이를 불문하고 친근한 사이에서는 서로 이름을 부른다. 상대가 비록 나이가 많더라도 어색해하지 말고 이름을 불러 친근감을 표시하는 것이 좋다.

서양인들은 자신을 중심으로 보이지 않는 작은 원을 그려 자기만의 영역으로 지키려는 성향이 있다. 따라서 복잡한 장소에서 상대방의 앞을 지나가는 등 조금이라도 상대의 영역을 침범하게 되는 경에는 Sorry(죄송합니다), Excuse me(실례합니다) 등으로 사과를 하는 것이 자연스럽다.

우리는 모르는 사람의 주의를 끌 때, '저기요'라고 말하며 옷자락을 잡거나 팔을 가볍게 건드리곤 하는데, 이것 역시 서양인들에게는 상대의 사생활 범위를 침범하는 것이 되어

무례하게 받아들여질 수 있다.

술자리에서 돈독히 정을 쌓아가는 우리 문화에서는 자신이 마시던 잔으로 상대에게 술을 권하는 것이 지극히 자연스럽지만, 서양에서는 이를 비위생적이며 예의에 어긋나는 행동이라 생각할 수 있으니 주의한다.

서양 사람들이 검지 손가락으로 사람을 가리키는 경우가 가끔 있는데, 우리문화에서는 이를 '삿대질'이라고 하여 부정적으로 받아들이지만 서양에서는 상대의 주목을 끌기 위한 하나의 자연스러운 행동이므로 당황하지 않는다.

### : TRAVEL TIP : 안전 사고에 대비하자 2

- 여행 전에 해외 여행자 보험에 가입하여 사고에 미리 대비하는 것이 좋다. 다양한 특약을 꼼꼼히 살펴보고 필요한 약정에 가입하도록 한다. 일반적으로 항공편이 결항되거나 일정시간 이상 지연 혹은 취소되었을 때 그로 인해 발생한 숙박비와 식비를 보상받을 수 있고, 위탁수화물이 분실 혹은 손상되거나 지연 도착했을 때 발생한 손해, 여행 중 식중독이나 선염병 감염 시 치료비 등을 보상받을 수 있다.
- 여행 도중 예기치 않은 사고 등으로 인해 도움이 필요할 때는 영사 콜센터나 SNS를 이용하도록 한다. 24시간 동안 영사 업무 상담을 해준다.
  - 휴대폰 자동 로밍일 경우, 현지 입국과 동시에 자동으로 영사콜센터 안내문자를 받게 된다.
    무료 통화 연결: +82-2-3210-0404
  - 유선전화나 휴대폰을 이용할 경우 무료 연결: 현지 국제전화코드 + 800-2100-0404 / 800-2100-1304

# 01

# 아이와 함께 떠나는 해외 여행

Traveling can be much more fun with your kids than without them.

요즘에는 어린 아이들을 데리고 해외 여행을 떠나는 가족들을 쉽게 볼 수 있다. 어린 아이와 함께 떠나는 여행은 여행이 아니라 해외에서 하는 육아라는 얘기가 있을 정도로 부모의 넘치는 에너지와 희생이 필요하다. 하지만 그럼에도 불구하고 많은 부모들이 아이와의 여행을 감행하는 데에는 분명 나름의 이유가 있을 것이다. 이러한 엄청난 모험과도 같은 아이와의 해외 여행! 아이와 부모 모두의 기억 속에 오래오래 남을 수 있도록 잘 준비해보자.

- 짐을 쌀 때 가족 구성원 별로 투명 지퍼백을 마련해 옷, 속옷, 양말 등의 물건을 보관하고, 아이가 직접 꺼낼 수 있도록 네임스티커를 붙이거나 네임펜으로 이름을 써두면 편리하다.
- 기내에 액체류 반입은 불가하나 아이의 간식은 허용하는 경우가 있으므로 미리 확인 후 짐을 꾸리도록 한다.
- 기내에서 발생할 만일의 경우에 대비해 아이의 여벌 옷 (혹은 기저귀와 물티슈), 간식, 책, 장난감 등을 꼭 챙긴다. 단, 소리가 나는 장난감은 다른 승객에게 피해를 줄 수 있으므로 피하고, 아이의 지루함을 달래줄 장난감이나 색칠놀이, 스티커 등은 한꺼번에 다 보여주지 말고 그때그때 하나씩 주도록 한다. 그리고 항공사에 따라 아이에게 선물을 주기도 하니 꼭 받도록 하자.
- 아이들은 의외로 많은 쓰레기를 만들어 내므로 일회용 비닐을 넉넉히 가지고 탄다. (항공사에 따라 아이와 함께 한 탑승객에게 티슈 박스와 큰 비닐가방을 미리 가져다 주는 고마운 경우도 있다.)
- 아이와의 여행에서 짐은 상상 이상으로 많다. 조급한 상황에서 아이를 우선으로 챙기다 보면 짐을 잘 못 챙겨 분실하는 경우가 많으므로 큰 가방, 작은 가방 등 전체 짐의 갯수를 항상 염두에 두고 확인하도록 한다. 또 기내에 반입할 물건은 가능한 배낭에 넣어 두 손을 자유롭게 해야 아이와 짐을 챙기기에 용이하다.
- 보안 검색대를 통과할 때 유모차, 아기띠 등에서 아이를 내린 채로 기다린다. 혼자 걸을 수 있는 아이의 경우 신발도 벗어야 하므로 미리미리 준비하자. 그렇지 않을 경우, 당황한 나머지 아이나 부모나 짜증을 내기 쉽다.
- 탑승수속 혹은 출입국 심사 시 여권과 아이의 얼굴을 대조하므로 반드시 아이를 옆에 두도록 한다.

- 만 2세 미만 아이의 기내 좌석을 따로 구매하지 않았더라도, 혹시 여유 좌석이 있는지 탑승 수속할 때 한번 물어나 보자. 그리고 아주 어린 아기일 경우, 기내에서 베시넷(bassinet)을 사용할 수 있으니 키와 몸무게 기준을 확인한 후 미리 신청하도록 한다.
- 가급적 가장 뒤쪽 좌석을 예약하자. 화장실도 가까울뿐더러 승무원의 도움을 받기가 쉬운 위치이다. 다른 승객들에게 피해를 덜 줄 수도 있어 부모의 부담이 적어진다.
- 항공사에 따라 어린이용 기내식을 별도 제공하는 경우가 있으니 미리 알아보고 예약한다. 하지만 대부분 햄버거, 피자, 파스타 등의 식사와 주스, 과자 등이 나오므로 부모가 잘 판단하자.
- 어른 1명이 아이 2명 이상을 동반할 경우, 탑승 수속 시 Fast Track을 이용할 수 있는 티켓을 주기도 한다. 일반 게이트가 아닌 Fast Track으로 들어가면 보다 간단한 보안 검색 과정을 통해 면세구역으로 빠르게 입장할 수 있다. 또, 아이와 함께 할 경우 기내 탑승도 우선적으로 할 수 있으므로 탑승구 주변에서 안내 방송에 잘 귀 기울이도록 한다.
- 탑승구 주변에서 탑승을 기다리는 동안에는 최대한 아이가 많이 걸으며 활동하도록 한다. 공항의 놀이시설을 충분히 이용하는 것도 좋다.
- 휴대용 유모차는 비행기 탑승 직전, 접어서 직원에게 주면 알아서 기내에 실어준다. 목적지에 착륙한 후에는 비행기에서 내린 곳에서 금방 유모차를 받아 아이를 태울 수 있어 편리하다.
- 아이와 함께 식당에 갈 경우 high chair를 사용할 수 있는지 물어보자. 혹은 알아서 baby booster를 의자에 놓아주는 경우가 있으니 잘 활용하자.

### TRAVEL TIP : 알아두면 요긴한 단어들

bottle 병
formula 분유
diaper(s) 기저귀
wipe(s) 물티슈
bib 턱받이
band-aid (상처용) 밴드
thermometer 체온계
baby stroller 유모차

fever reducing medication 해열제
insect repellent 모기(해충) 퇴치제
sunscreen 자외선 차단제
nail clipper 손톱깎이
car seat 카시트
high chair 아기 의자
baby carrier 아기 띠
booster seat 부스터(일반 의자 위에 놓고 쓰는 아기 의자)

- 북미나 유럽의 많은 나라의 경우, 식당에 어린이 손님이 오면 색칠놀이용 그림 종이와 색연필 등을 가져다 준다. 종이에 Kids meal 메뉴가 적힌 경우도 많으니 아이와 함께 재미있게 살펴보도록 한다.
- 집에 안 쓰는 휴대전화가 있다면 아이의 목에 걸어주자. 전화, 인터넷 등의 기능이 되지 않아도 충전만 잘 된다면 아이에게는 멋진 카메라가 될 수 있다. 아이의 시각으로 바라보는 세상을 직접 사진으로 찍다 보면 아이도 어른도 여행의 또 다른 재미를 느끼게 될 것이다.

# 02

## 스마트폰으로
## 스마트하게 떠나는 해외 여행
Be Smart. Travel Smart.

몇 년 전까지만 해도 해외 여행의 필수 준비물은 여행안내 책자였다
해도 과언이 아니다. 여행을 하는 내내 이 무거운 여행 책자와
커다란 지도를 들고 다니며 관광명소나 식당 등을 찾아 다녀야 했다.
하지만 요즘은 어떤가? 최신 여행 정보와 길 찾기는 물론 무료통화,
각종 사전 기능 등 작은 스마트폰 하나로 이 모든 과정이 너무나 수월해졌다.
이제 보다 스마트하고 편리하게 해외 여행을 준비하자.

- 해외에서도 우리나라에서처럼 자유롭게 스마트폰을 사용하려면 데이터 로밍 서비스를 이용하거나 유심카드(USIM card)를 구입하는 것이 좋다. 체류 국가와 기간에 따라 선택의 폭이 넓고 인터넷 속도가 빠르다는 장점이 있다.
- 여러 명이 함께 여행을 할 경우에는 휴대용 와이파이(Pocket Wifi) 공유기를 대여해 함께 사용하는 것이 경제적이다.
- '카카오톡'이나 '라인', '위챗' 같은 채팅앱을 이용하면 국제전화라도 무료 데이터 통화가 가능하다.
- 여행을 할 나라의 전압을 미리 확인해 그에 맞는 어댑터를 챙겨가야 하는데, 하나의 어댑터로 그때그때 다양한 전압에 맞게 사용이 가능한 여행용 멀티탭(all-in-one adapter)을 구입해 챙겨가면 유용하다.
- 여행을 떠나며 가지고 가는 휴대폰, 카메라, 노트북 등의 다양한 기기의 충전기는 한 곳에 모아 잘 챙기자. 그리고 휴대용 보조배터리도 챙겨가면 유용하게 쓰인다.
- 휴대폰으로 사진이나 동영상 촬영을 많이 할 경우 여분의 SD카드를 준비해 메모리가 부족해 추억을 담지 못하는 최악의 경우를 피하도록 한다.


- 스마트폰 앱(APP)을 최대한 활용하자.

  **네이버 글로벌회화:** 여행지에서 유용한 2,000여 개의 문장을 여러 외국어로 확인할 수 있다. 상황별로 잘 구분되어 있고 우리말로도 검색할 수 있어서 필요한 문장을 찾기 쉽다.

  **구글맵:** 전 세계 지도 어플 1위인 구글맵은 특히 2백개가 넘는 국가와 지역을 아우르고 있어서 해외 여행에 유용하며, 특히 길이 복잡한 유럽 여행에 큰 도움이 되는 어플

이다.

**트립어드바이저(tripadvisor)**: 실제 사용 후기를 바탕으로 한 여행자 리뷰를 토대로 호텔, 음식점, 관광명소 등을 찾을 수 있다. 특히 위치 기반으로 되어 있어 현재 내가 있는 여행지의 호텔, 식당 등을 고를 때 유용하다. 소개된 장소의 현지어로 된 목적지의 이름과 주소를 보여주고 있어 현지인에게 길을 물어볼 때 아주 유용하다.

**에어비앤비(www.airbnb.co.kr)**: 세계 각국의 현지인들이 살고 있는 가정집을 전세계 여행자들과 공유하는 서비스로, 웹사이트와 앱을 통해 간편하게 사용할 수 있다

**TRAVEL TIP : 알아두면 요긴한 단어들**

**(U)SIM card** (유)심카드  **Wifi** 와이파이/무선인터넷
**Internet call** 인터넷 전화  **all-in-one adapter** 여행용 멀티탭
**data roaming** 데이터 로밍  **smartphone battery charger** 스마트폰 충전기
**text message** 문자메시지  **selfie stick** 셀카봉

이것만 알아도 목적지에 간다!

# Departure

I heard an airplane passing overhead.
I wished I was on it.

머리 위로 비행기 지나가는 소리가 들렸어.
내가 그걸 타고 있었으면 했지.
- Charles Bukowski

**TRAVEL STORY 01**

# 기내에서

여행의 첫 끼, 기내식 제대로 주문해보자.

---

**승무원**    Would you like chicken or fish?
　　　　　　닭고기와 생선 중 어떤 걸로 드릴까요?

**도윤**    I'll have the fish, please.
　　　　　　생선 주세요.

**승무원**    What would you like to drink?
　　　　　　음료는 무엇으로 하시겠습니까?

**도윤**    Water, please. And do you have apple juice?
　　　　　　물이요. 그리고 사과 주스도 있나요?

**승무원**    Sorry, sir. We ran out of apple juice.
　　　　　　죄송합니다, 손님. 사과 주스는 다 떨어졌습니다.

**도윤**    Then can I have some orange juice instead?
　　　　　　그럼 대신 오렌지 주스로 주세요.

---

**사전 예약하면 특별한 기내식을 먹을 수 있다!**
대부분의 항공사들은 건강상태, 채식, 유아 동반에 따라 메뉴를 고를 수 있는 특별 기내식 신청서비스를 제공하고 있다. 체질(당뇨식, 저열량식, 저염식 등)식과 채식 등의 메뉴 선택이 가능하다.

## ○○ 주세요.

**KEY EXPRESSION 1**

# I'll have the fish, please.

생선 주세요. '주세요=give, 먹겠다=will eat'으로 생각하면 실수하기 쉽다. 주문할 때에는 동사 have를 써서 말하는 것이 일반적이며 가장 자연스럽다.

---

다양하게 대답할 수 있다.

- **1** Chicken, please. 닭고기로 주세요.
  - 원하는 것 뒤에 please만 붙여도 충분하다.

- **2** I'd like fish, please. 생선으로 주세요.
  - I'd는 I would를 줄여 쓴 표현. I want 보다 공손하게 들린다.

- **3** I'll have the beef, please. 쇠고기로 주세요.

---

보통 위의 대답은 상대가 다음과 같이 물어볼 때 가능하다.

- **1** Chicken or fish?
  닭고기와 생선 중 어떤 걸로 드릴까요?
  - 바쁜 기내식 서비스 중에는 이렇게 간단하게 물어보는 것이 일반적이다.

  = Which would you like, chicken or fish?
  = Would you like chicken or fish?

---

■ 아이와 여행할 때는 2살미만의 영유아는 영아식(Infant Meal)이나 이유식(Toddler Meal), 2살에서 12살까지의 아동은 아동식(Child Meal) 신청이 가능하다.

○○ 있어요?  KEY EXPRESSION 2

# Do you have apple juice?

사과 주스 있어요? '~이 있나요?'의 의미로 have를 쓸 수 있다. 상대가 단순히 무엇을 가지고 있는지 만을 묻는 것이 아니라, 있으면 달라는 의미까지 포함한 표현이다.

기내에서 필요한 것이 있을 때 물을 수 있다.

- **1** Do you have any tea? 차 있어요?
- **2** Do you have a Korean paper? 한국어 신문 있나요?
- **3** Do you have anything I could read? 제가 읽을만한 게 있을까요?


○○ 주실래요?  KEY EXPRESSION 3

# Can I have some orange juice instead?

대신 오렌지 주스로 주세요. 역시 have를 이용해 어떤 것을 달라고 요구할 수 있다. Can I ~?, May I ~?, Could I ~? 등 다양하게 활용할 수 있다. instead를 써서 이전에 언급한 '(무엇) 대신에'라는 의미를 더할 수 있다.

- **1** May I have a blanket? 담요 하나 주세요.
- **2** Can I have some coffee, please? 커피 좀 주실래요?
  - please를 넣으면 보다 공손하게 들린다.
- **3** Could I please have another one? 하나 더 주시겠어요?
  - Could를 쓰면 Can, May보다 더 공손한 표현이 된다.

**TRAVEL WORDS**

● 꼭 지참해야 할 것들

여권 passport
탑승권 boarding pass
비자 visa

● 기내에서 일하는 사람들

기장 captain
항공 승무원 flight attendant
객실 승무원 cabin crew

● 기내에서 제공되는 물품들

담요 blanket
베개 pillow
안대 eye mask
귀마개 ear plugs
구명조끼 life vest[jacket]
산소 마스크 oxygen mask
헤드폰 headset
신문 newspaper
게임 카드 playing cards
입국카드 immigration[landing/entry] card

● 좌석에도 급이 있다

1등석 first class
비즈니스 석 business class
일반석 economy[coach/travel] class

● 비행기 안은 이렇게 생겼다

좌석 seat
통로 aisle
비상출구 emergency exit
출구 쪽 좌석 exit seat
통로 쪽 좌석 aisle seat
창가 쪽 좌석 window seat
좌석벨트 seat[safety] belt
호출 버튼 call button
머리 위 짐칸, 선반 overhead compartment[bin]
독서등 reading lamp[light]
식사 테이블 tray table
화장실 lavatory
창문 가리개 window shade[blind]

**TRAVEL STORY 02**

## 비행기 환승하기

낯선 타국 땅에서의 첫 관문, 실수 없이 비행기 갈아타자.

---

도윤 　Excuse me, ma'am. Where do I make my connection?
　　　실례합니다. 환승하려면 어디로 가야 되나요?

공항직원　Oh, you need to go that way.
　　　아, 저쪽으로 가셔야 됩니다.

도윤 　Which gate should I go to then?
　　　그럼 몇 번 게이트로 가야 하죠?

공항직원　What is your final destination, sir?
　　　최종 목적지가 어디신데요?

도윤 　I'm going to Sydney, Australia.
　　　호주 시드니로 가요.

공항직원　Then go to gate 16.
　　　그럼 16번 탑승구로 가십시오.

---

**환승할 때 알아두면 좋아요**

• 중간 경유지 공항에 도착하면 TRANSFER 혹은 TRANSIT 표시를 따라간다. 전광판에서 자신이 갈아탈 비행기편, 시간, 탑승구 번호를 확인하도록 한다.
• 갈아탈 비행기를 타러 탑승구까지 가기에 시간이 부족하다면 만일을 대비해 즉시 티켓팅 카운터로 가서 대기자 명단에 이름부터 올려놓는다.

### ○○하려면 어디로 가야 하죠?

**KEY EXPRESSION 1**

# Where do I make my connection?

환승하려면 어디로 가야 되나요? '~하려면 어디로 가야 하나요?' 혹은 '어디서 ~하면 되나요?' 등을 묻고 싶을 땐 간단히 'Where do I ~?'를 떠올리도록 한다. 표를 사거나 체크인을 하려면 어디로 가야 하는지 등의 일반적인 정보를 물을 때 많이 쓰는 표현이다.

---

공항에서 다양한 장소를 물을 수 있다.

**1** Where do I check in?
체크인은 어디서 하나요?

**2** Where do I pick up my luggage?
짐을 찾으려면 어디로 가야 하죠?

**3** Where do I find arrival[departure] terminal information? 도착[출발] 터미널 정보는 어디서 얻으면 되나요?

장소(where) 대신 방법(how)이나 때(when)를 물을 때도 응용할 수 있다. 'How do I ~?'는 '~은 어떻게 하나요?', 'When do I ~?'는 '언제 ~하면 되나요?'의 의미가 된다.

**1** How do I get to the city?
시내까지는 어떻게 가죠?

**2** How do I say this in Thai?
이건 태국말로 뭐라고 하나요?

**3** When do I need to board my flight?
비행기 탑승은 언제쯤 하면 되나요?

**4** When do I receive my travel documents?
언제 제 여행 서류들을 받게 되나요?

■ 비행기 연착 등으로 갈아탈 비행기를 놓쳤다면 해당 항공사에 보상을 요구할 수 있다. 좌석등급을 올려주거나 일정금액의 할인권을 제공하는 경우도 있고, 늦은 밤이라 다른 비행기도 이용할 수 없을 때에는 호텔 숙식을 제공하기도 한다.

어느 OO을 OO해야 하나요?　　　　　　　　　　**KEY EXPRESSION 2**

# Which gate should I go to then?

그럼 몇 번 게이트로 가야 하나요? Which는 주어진 보기(limited choice) 중에서 하나를 골라야 하는 질문에서 주로 쓰인다. 즉, 위 표현에서 직접 언급은 하지 않았지만 여러 탑승구 중에 몇 번인지를 묻는 것이 된다.

1. Which way should I go? 어느 쪽으로 가야 하나요?
2. Which floor should I go to? 제가 몇 층으로 가야 하나요?
3. Which map should I look at? 어떤 지도를 봐야 하나요?

저는 OO로 갑니다.　　　　　　　　　　**KEY EXPRESSION 3**

# I'm going to Sydney, Australia.

호주 시드니로 가요. 현재진행형인 'be+-ing'의 형태로 가까운 미래의 계획을 얘기할 수 있다. 이 문장에서는 미래를 나타내는 'be going to'와 헷갈리지 않도록 한다.

1. I'm going to Rome. 저는 로마에 갑니다.
2. I'm flying to Bali. 발리에 갑니다.
   - 비행기를 타고 간다는 의미로 fly를 쓸 수도 있다.
3. I'm going back to Seoul. 서울로 돌아갑니다.

## TRAVEL WORDS

### ● 환승 안내
환승 transfer[transit]
환승편 connecting flight
승객 passenger
안내 방송 announcement
~로 가는 bound for ~
연착되다 delay
대기 stand-by

### ● 환승 시 이것을 챙기자
휴대용 가방 carry-on bag
여행가방 suitcase
수하물 luggage
수하물 보관증 baggage claim tag

### ● 환승 시 공항에서 볼 수 있는 것들
터미널 terminal
대합실 waiting room[lounge]
탑승구 gate
환승 데스크 transfer desk
무빙워크 moving sidewalk
경유지 stopover[layover]
검역 quarantine
보안검색 security check
면세점 duty-free shop[store]

**TRAVEL STORY 03**

# 입국 수속하기

이유 없이 긴장되는 순간 입국심사대. 자신 있게 말하자.

---

입국심사관  **What's the purpose of your visit?**
어떤 목적으로 방문하셨습니까?

도윤  **Just traveling.**
그냥 여행하려고요.

입국심사관  **How long will you be staying?**
얼마나 머물 예정입니까?

도윤  **I plan to stay for about two weeks.**
한 2주 정도 있을 계획인데요.

입국심사관  **Could I see your return ticket?**
돌아가는 비행기 표 좀 보여주시겠습니까?

도윤  **Here you are.**
여기 있습니다.

---

**입국 심사할 때 떨지 마세요**
어느 나라를 가든 입국심사는 긴장되는 절차 중 하나이다. 자칫 긴장한 탓에 실수하지 않도록 stay와 visit의 차이를 확실히 알아두자. 지인의 집에서 얼마 동안 머물 예정이라고 해서 stay라고 대답했다가는 불법체류의 오해를 살 수도 있다. 어떤 상황에서든 visit이라고 말하는 것이 가장 안전하다.

## ○○하기 위해 왔어요.

**KEY EXPRESSION 1**

# Just traveling.

**그냥 여행하려고요.** 입국심사는 여러 나라에서 온 입국자들이 오랜 시간 기다려 반드시 거쳐야 하는 과정으로, 입국심사관이나 질문을 받는 사람 모두 짧고 간략하게 얘기하는 것이 일반적이다. 방문 목적 또한 I'm을 생략해 Just traveling.만으로 대답할 수 있다. 현재진행형으로 자신의 미래 계획을 얘기하는 경우에 해당한다.

---

여행 목적에 따라 다양하게 대답할 수 있다.

- ① Sightseeing. 관광하려고요.
- ② To study. 공부하려고.
  = For studying.
- ③ I'm here on [for] vacation. 휴가 차 왔는데요.
- ④ I'm visiting my relatives. 친척들 방문하러 왔는데요.
  = I'm here to visit my relatives.
- ⑤ I'm here on business. 업무 차 왔습니다.

---

입국심사관이 이렇게 물을 때 대답할 수 있다.

- ① What's the purpose of your visit?
  방문 목적이 무엇입니까?
- ② Business or pleasure?
  업무차인가요? 아니면 관광인가요?

**OO할 계획이에요.**

KEY EXPRESSION 2

# I plan to stay for about two weeks.

한 2주 정도 있을 계획인데요. 자신의 계획을 말하고 싶을 때 'I plan to ~'를 사용해 말할 수 있다. 질문 How long will you be staying?에 맞춰 I'll be staying ~으로 대답해도 좋다. 머물 기간이 확실히 결정되지 않았다면 about을 이용해 대략적인 답변을 하도록 한다.

1. For five days. 5일이요.
2. I plan to stay for a week. 일주일 동안 머물 계획입니다.
3. I plan on staying for about a month. 한 한 달 정도 있을 겁니다.
4. I will be staying for about three days. 3일정도 머물 겁니다.

**여기 있습니다.**

KEY EXPRESSION 3

# Here you are.

여기 있습니다. 물건 등을 건네주면서 쓸 수 있는 대단히 유용한 표현이다. 공식적이거나 예의를 갖춰야 하는 상황에서 Here you are.를 주로 쓴다.

1. Here. 여기요.
   = Here you go.
   = There you go.

# TRAVEL WORDS

### ● 입국심사 전
입국심사 immigration
입국신고서 immigration[landing] card
비거주자 nonresident
거주자 resident
외국인 foreigner

### ● 입국심사 중
비자 visa
목적 purpose
방문하다 visit
관광 sightseeing
업무 business
친척 relatives
왕복표 round[return] ticket
출발지 departure place
목적지 destination

### ● 입국심사 후
짐 baggage[luggage]
수하물 표 baggage check
카트 luggage carrier[cart]
손상된 damaged
분실한 missing

### ● 세관 신고
세관 customs
세관신고서 declaration card
면세품목 duty-free[tax-free] item
신고하다 declare
서명 signature
선물 gift[present]
세금 tax
벌금 fine
압수 seizure
보험 insurance
개인 휴대품 personal effects[belongings]

# 여행영어 표현사전

## 기내 입구

탑승권을 보여 주시겠습니까?
May I see your boarding pass, please?

여기요.
Here you go.

손님 좌석은 26B입니다.
Your seat number is 26B.

통로 왼쪽으로 가십시오.
Take the aisle to the left.

저기 창가 쪽 좌석이네요.
It is over there by the window.

바로 여기 통로 쪽 좌석이네요.
It is right over here on the aisle.

52D자리는 어디에요?
Where is 52D?

(좌석번호를 보여주면서) 제 좌석은 어디죠?
Where is my seat?

통로를 따라 쭉 가시면 됩니다.
Walk down the aisle, please.

(앞장서면서) 이쪽으로 오세요.
This way, please.

저를 따라오세요.
Follow me.

여기가 손님 좌석입니다.
This is your seat.

가방은 좌석 밑에 넣어주시겠습니까?
Would you mind keeping your bags under your seat, please?

이 가방 좀 거기 올려주실 수 있나요?
Could you put this bag up there?

이 짐은 어디에 두어야 할까요?
Where can I put this baggage?

누가 제 좌석에 앉아 있네요.
Someone is in my seat.

죄송하지만, 여긴 제 자리인 것 같은데요.
Excuse me, I'm afraid you're in my seat.

창가 좌석이 제 자리인 것 같습니다.
I believe the window seat is mine.

다른 좌석 있나요?
Are there any other seats?

제 친구랑 제 좌석이 떨어져 있는데요.
My friend's and my seat are not together.

이것만 알아도 목적지에 간다!

붙어 있는 빈 좌석이 없을까요?
Do you have any empty seats together?

저랑 자리 좀 바꿔 주실 수 있으세요?
Would you mind trading seats with me?

저랑 자리 바꾸실래요?
Can we change seats?

사진 좀 몇 장 찍고 싶어서요.
I'd like to take a couple of photos.

그러죠.
No problem.

제 의자 좀 눕혀도 될까요?
May I recline my seat?

의자 좀 앞으로 세워주시겠습니까?
Would you mind putting your seat upright?

의자를 똑바로 세워주시기 바랍니다.
Please return your seat to the upright position.

전 가운데 좌석에 앉는 거 좋아하지 않아요.
I don't like sitting in the middle seat.

좌석벨트를 매어 주십시오.
Please fasten your seat belt.

좌석벨트를 어떻게 매는 건지 좀 가르쳐 주세요.
Could you show me how to fasten my seat belt?

이쪽으로 당기세요.
Pull it this way.

이 리모컨을 어떻게 사용하는 건지 좀 가르쳐주세요.
Please tell me how to use this remote control.

## 기내식

식사가 언제인가요?
When is the meal?

식사할 때 깨워주세요.
Wake me up at the mealtime.

저 식사 나중에 할게요.
I'll have my meal later.

손님, 트레이를 내려주십시오.
Please put down your tray table.

트레이를 접어주십시오.
Please put up your tray table.

## ● 여행영어 표현사전

밥으로 하시겠습니까? 아니면 면으로 하시겠습니까?
Would you like rice, or noodle?

밥 주세요.
Rice, please.

고추장 있나요?
Do you have chili paste?

음료는 무엇으로 하시겠습니까?
What would you like to drink?

커피 드시겠습니까?
Would you like some coffee?

크림이나 설탕 드릴까요?
Would you like cream or sugar?

커피 좀 주실래요?
Can I have some coffee?

실례지만, 음료수 좀 주실래요?
Excuse me, can I get a drink?

땅콩 좀 더 주실래요?
Could I have some more peanuts?

물수건 하나만 더 가져다 주실래요?
Would you bring me another damp towel, please?

와인 한 잔 더 주시겠어요?
Could you bring me another glass of wine?

오렌지 주스 두 잔만 주실래요?
Could I have two glasses of orange juice?

맥주 하나 주실래요?
Can I have a beer, please?

식사 다 하셨습니까?
Are you through with your lunch?

아직이요.
Not yet.

이것 좀 치워주실래요?
Could you take this away?

좀 지나가도 될까요?
May I get through?

물론이죠. 지나가세요.
Sure. Go ahead.

이것만 알아도 목적지에 간다!

## 기내 쇼핑

이제 면세품 판매 서비스를 시작하겠습니다.
We will now begin our duty-free service.

위스키 한 병 주세요.
Can I have a bottle of whisky, please?

호주에는 담배를 몇 개나 가지고 들어갈 수 있나요?
How many cartons of cigarettes can I take into Australia?

담배 두 보루 주세요.
I'd like two cartons of cigarettes.

개인당 담배 두 보루와 술 한 병까지만 구입하실 수 있습니다.
You are limited to two cartons of cigarettes and one bottle of alcohol per person.

원화로 지불해도 되나요?
Can I pay in Korean won?

신용카드 되나요?
Do you take credit cards?

현금이나 신용카드 모두 받습니다.
We accept cash or credit cards.

곧 기내 쇼핑을 마감하겠습니다.
Our duty-free shop will be closing shortly.

## 기내 요청사항

담요 좀 주실래요?
Could I have a blanket, please?

베개 좀 주시겠어요?
May I have a pillow, please?

혹시 안대 있나요?
Do you have a sleep mask?

토할 것 같은데, (구토용) 봉지 있나요?
I feel like I'm going to throw up. Do you have an airsickness bag?

머리가 너무 아픈데, 아스피린 있나요?
I have a terrible headache. Do you have any aspirin?

불 어떻게 켜나요?
How do I turn on the light?

이거 어떻게 끄나요?
Could you tell me how to turn this off?

한국어 신문 있나요?
Do you have a Korean newspaper?

읽을 만한 것 있어요?
Do you have anything I could read?

펜 하나 빌릴 수 있을까요?
Can I borrow a pen?

● 여행영어 표현사전

밴쿠버는 지금 몇 시인가요?
What's the local time in Vancouver?

여기에는 뭘 써야 되죠?
What should I write here?

제 입국신고서 좀 봐 주실래요?
Will you please check my immigration card?

## 입국신고서

입국신고서 한 장만 주실래요?
Can I get an immigration [incoming passenger] card, please?

입국신고서 한 장 더 얻을 수 있을까요?
May I have another entry card?

제가 좀 틀리게 써서요.
I've made some mistakes.

세관신고서 좀 주세요.
May I have a customs declaration card?

이 입국신고서를 작성해 주십시오.
Please fill out this entry card.

## 비행기 갈아타기

비행기를 갈아타야 하는데요.
I have to take a connecting flight.

펜 좀 빌릴 수 있을까요?
Can I borrow a pen?

전 뉴욕행 환승객입니다.
I'm a transit passenger for New York.

이걸 어떻게 작성하는지 좀 알려주세요.
Please show me how to fill out this form.

대한항공 승객입니다.
I'm a Korean Air passenger.

저희 비행기편이 뭐죠?
What's our flight number?

갈아타는 데가 어디죠?
Where is the transit counter?

'하차 지점'이 무슨 뜻이에요?
What does "Disembarkation Point" mean?

몇 번 게이트로 가야 하나요?
Which gate should I go to?

이것만 알아도 목적지에 간다!

탑승은 몇 시부터 시작하나요?
What time does boarding begin?

제가 탈 항공편은 어디에서 확인할 수 있죠?
Where can I confirm my flight?

여기서 얼마나 기다려야 하나요?
How long is the layover?

시간이 얼마나 여유가 있죠?
How much time do I get?

시내 관광을 할 시간이 있나요?
Do I have time to look around downtown?

면세점이 있나요?
Are there any duty-free shops?

## 비행기를 놓쳤을 때

제가 갈아탈 비행기를 놓친 것 같은데요.
I think I missed my connecting flight.

제 비행기가 서울에서 지연되는 바람에 연결 비행기를 놓쳤어요.
My flight was delayed in Seoul so I missed my connecting flight.

제 시간에 도착하지 못하는
바람에 갈아탈 비행기 시간에 못 맞췄어요.
I didn't arrive in time to make my connecting flight.

제 비행기가 연착해서 갈아탈 비행기까지 제 시간에 못 갔어요.
My flight was delayed so I couldn't get to my connecting flight on time.

가능한 거기 빨리 가야 돼요.
I need to get there as soon as possible.

저희 항공사에서 손님의 호텔 비용과 약간의 경비를 지급해드리겠습니다.
We will provide a hotel room and some spending money.

공항 식당에서 저희가 제공하는 무료 저녁 식사를 하십시오.
Please have a complimentary dinner on us at the airport restaurant.

## ● 여행영어 표현사전

### 입국심사

여권 좀 보여주시겠습니까?
May I see your passport, please?

여기 있습니다.
Here you are.

어디에서 오셨습니까?
Where are you from?

한국에서 왔습니다.
I'm from Korea.

방문 목적이 무엇입니까?
What is the purpose of your visit?

관광입니다.
For sightseeing.

휴가 왔습니다.
I'm here on vacation.

출장 왔습니다.
I'm on business.

언니를 만나러 왔습니다.
I'm here to visit my sister.

공부하러 왔습니다.
To study.

그냥 여행하려고요.
Just traveling.

얼마 동안 체류하실 겁니까?
How long will you be staying?

5일 정도요.
For about five days.

어디에서 묵으실 겁니까?
Where will you be staying at?

시내에 있는 힐튼에서요.
At the Hilton in the city.

처음 방문하시는 겁니까?
Is this your first visit?

이번이 두 번째입니다.
This is my second trip.

직업은 무엇입니까?
What is your occupation?

돌아가는 표는 갖고 계신가요?
Do you have a round-trip ticket?

돈은 얼마나 소지하고 계시나요?
How much money do you have with you?

한 2,000달러 정도 있습니다.
I have about two thousand dollars.

## 짐 찾기

실례지만. 수하물 찾는 곳이 어디죠?
Excuse me, where is the baggage claim area?

제 가방은 어디에서 찾아야 하죠?
Where can I pick up my luggage?

제 가방이 아직 안 나왔어요.
My suitcase hasn't come out yet.

제 여행가방이 조금 손상되었는데요.
My suitcase has been somewhat damaged.

항공사 직원 좀 불러주시겠습니까?
Will you call for an airline clerk?

항공사 부담으로 고쳐주셨으면 하는데요.
I'd like to have it repaired at your expense.

분실물 창구가 어디죠?
Where is the lost and found desk?

제 짐을 못 찾겠어요.
I can't find my luggage.

제 가방이 없어졌어요.
My bag is missing.

가방 찾는 것 좀 도와주세요.
Please help me find my bag.

항공사에서 제 짐을 잃어버린 것 같은데요.
I think the airline lost my luggage.

짐 몇 개를 분실하셨나요?
How many pieces of luggage have you lost?

짐이 어떻게 생겼는지 말씀해 주시겠어요?
Could you tell me what your luggage looks like?

제 이름표가 붙어 있는 큰 검정색 가방입니다.
It's a large black suitcase with my name tag on it.

지금 바로 확인해주시겠어요?
Could you please check it immediately?

언제쯤 제 짐을 찾을 수 있을까요?
How quickly will you be able to find my luggage?

제가 묵는 호텔로 보내주세요.
Please send it to my hotel.

짐을 찾으시는 대로 이 주소로 보내주세요.
Please deliver the luggage to this address as soon as you've located it.

## ● 여행영어 표현사전

제 짐을 찾으시는 대로 이 번호로 연락주세요.
Please call me at this number when you find my luggage.

카트가 어디 있죠?
Where can I get a luggage carrier?

### 세관 검사

이것이 짐 전부입니까?
Is this all of your luggage?

세관신고서를 읽어보셨습니까?
Have you read the customs form?

네, 읽어봤어요.
Yes, I have.

신고할 물건이 있습니까?
Do you have anything to declare?

없습니다.
Nothing. / No, I don't. / I have nothing to declare.

신고서를 주십시오.
Please hand me the customs declaration form.

담배 한 보루 있습니다.
I have one carton of cigarettes.

디카를 하나 샀는데요.
I just bought a digital camera.

술이 네 병 있습니다.
I have four bottles of liquor.

한국 전통 음식이 좀 있습니다.
I just have some Korean traditional food.

이거 신고해야 하는 건가요?
Do I need to declare this?

그 영수증 있으신가요?
Do you have a receipt for it?

그건 면세 품목입니다.
It's a duty-free item.

가방 좀 열어주시겠습니까?
Could you open up your suitcase for me?

가방 안을 좀 봐도 되겠습니까?
Can I look in your bag?

이건 뭐죠?
What is this (for)?

친척에게 줄 선물입니다.
It's a present for my relative.

그건 제 개인 용품입니다.
They're my personal belongings.

이것만 알아도 목적지에 간다!

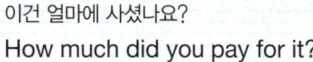

이건 얼마에 사셨나요?
How much did you pay for it?

이건 어디에서 사셨죠?
Where did you buy this?

이게 전부인가요?
Is this all you have?

다른 가방은 없으신가요?
Do you have any other luggage?

이건 밖으로 가지고 가실 수 없습니다.
You're not allowed to bring this into the country.

다 끝났습니다.
Everything is declared.

이제 가방을 닫아도 되나요?
May I close the bag now?

네, 가셔도 좋습니다.
Of course, you can proceed.

녹색 통로를 따라서 나가십시오.
Follow the green line to the exit.

## 공항에서 정보 얻기

여행 안내소가 어디에 있나요?
Where is the tourist information office?

이 근처에 인터넷 할 수 있는데 있나요?
Where can I use the Internet near here?

무료로 와이파이(무선 인터넷) 쓸 수 있는 데가 있나요?
Where can I get free Wi-Fi[Wireless Internet]?

시내 지도 좀 얻을 수 있을까요?
Can I get a city map?

시내까지 어떻게 가는 게 제일 좋죠?
What's the best way to get to the city?

시내로 가는 공항 버스가 있나요?
Is there an airport bus to the city?

버스 정류장이 어디에요?
Could you tell me where the bus stop is?

시청까지 요금이 얼마인가요?
What's the fare to the City Hall?

● **여행영어 표현사전**

택시로는 시내까지 얼마나 나오나요?
How much does it cost to get to the city by taxi?

택시는 어디서 잡으면 되죠?
Where can I catch a taxi?

택시 정류장이 어디에요?
Where's the taxi stand?

제일 가까운 환전소가 어디죠?
Where's the nearest money exchange counter?

2주짜리 무제한 데이터 유심카드를 찾고 있는데요.
I'm looking for an unlimited data SIM card for two weeks.

얼마죠?
How much is it?

휴대폰이 언락되어 있나요?
Is your mobile phone unlocked?

휴대폰에 이 유심카드를 꽂으시기만 하면 됩니다.
Just slip this SIM card into your phone.

## 유심카드 구입

유심카드를 어디 가면 살 수 있을까요?
Where can I buy a SIM card?

선불 유심카드를 사려고 하는데요.
I need to buy a pre-paid SIM card.

한 달짜리 유심카드 주세요.
Can I get a one-month SIM card?

이것만 알아도 잠은 잔다!

# Accommodation

The great advantage of a hotel is that
it is a refuge from home life.

호텔의 커다란 장점은 가정생활로부터의 도피라는 점이다.
- George Bernard Shaw

## TRAVEL STORY 04

# 숙소 체크인하기

여행지의 안식처, 호텔 체크인 꼼꼼히 하기

**도윤** **Hello. I made a reservation online.**
안녕하세요. 인터넷으로 예약을 했는데요.

**호텔 직원** **Welcome, sir. May I see your passport, please?**
어서 오십시오, 손님. 여권 좀 보여주시겠습니까?

**도윤** **Sure. Here you go and this is the confirmation.**
그럼요. 여기요, 그리고 이건 예약확인서구요.

**호텔 직원** **Thank you, sir. We also require a $20 deposit for the key and it will be returned when you check out.**
감사합니다, 손님. 저희가 또 열쇠 보증금으로 20달러를 받는데요 이건 체크아웃 하실 때 돌려드립니다.

**도윤** **Oh, yeah? How should I pay?**
아, 그래요? 지불은 어떻게 하면 되죠?

**호텔 직원** **You can pay in cash only. Thank you. Here is your room key.**
현금만 가능합니다. 감사합니다. 여기 방 열쇠 있습니다.

---

### 호텔 이용 백서

- 호텔 프런트 데스크에 있는 호텔 명함이나 성냥갑을 두어 개 챙겨두자. 택시기사에게 보여주거나 길을 잃었을 때 유용하게 쓸 수 있다.
- 객실 카드나 열쇠는 항상 같은 장소에 두어 허둥지둥 찾아 헤매는 일이 없도록 하자. 외출할 때 프런트 데스크에 맡기고 나가는 것도 좋은 방법이다.

저 예약했어요.　　　　　　　　　　　　　KEY EXPRESSION **1**

# I made a reservation online.

인터넷으로 예약했는데요. 예약을 해놓았다면 'make a reservation(예약하다)'를 떠올리도록 한다. 예약은 이미 과거에 한 것이므로 make 대신 과거형 made를 쓴다는 점에 주의한다. 뒤에 간단히 online을 덧붙여 인터넷으로 했다고 말할 수도 있다.

---

다양하게 대답할 수 있다.

- **1** I made a reservation. 저 예약했는데요.
- **2** I have a reservation. 예약되어 있는데요.
  - 현재 예약되어 있는 상태를 의미하는 것으로, 과거형 had가 아닌 현재형 have를 쓴다.
- **3** I made a reservation under the name (of) Lee Do Yoon. 이도윤이라는 이름으로 예약했는데요.
  - under the name of(~라는 이름으로)를 써서 예약자의 이름을 말할 수 있다.

---

체크인 전에는 가벼운 인사로 말문을 연다.

- **1** Hi. 안녕하세요.
  = Hello.
- **2** Good morning [afternoon, evening]. 안녕하세요.
- **3** I'd like to check in, please. 저 체크인하려고 하는데요.

그럼요. **KEY EXPRESSION 2**

# Sure.

**그럼요.** 상대가 무언가를 부탁하거나 요청해 왔을 때 쓸 수 있는 가벼운 표현이다. 기꺼이 그렇게 하겠다는 의미로 굉장히 긍정적이고 적극적인 느낌을 준다.

---

다양한 표현으로 긍정적인 대답을 할 수 있다.

1. No problem. 그럼요. 물론이죠.
   = Absolutely.
   = Alright.
   = Yeah[Yup].
   • 일상회화에서 많이 쓰이며 주로 젊은이들이 쓰는 표현이다.

어떻게 OO하면 되나요? **KEY EXPRESSION 3**

# How should I pay?

**지불은 어떻게 하면 되죠?** 무언가를 어떻게 해야 할지 몰라 방법을 물어보고 싶을 때 How should I ~?로 물을 수 있다.

---

호텔에서 체크인할 때 다른 것도 물어볼 수 있다.

1. How should I make the payment?
   지불은 어떤 방법으로 해야 하죠?

2. How should I fill this out?
   이건 어떻게 작성하면 되나요?

3. How should I get there?
   거기에는 어떻게 가야 하나요?

**TRAVEL WORDS**

● 입실 · 퇴실 수속

프론트 front[information desk]
입실 수속 check-in
퇴실 수속 check-out
예약 reservation
초과 예약 over booking
대기자 명단 waiting list
객실 요금 room rate
보증금[예치금] deposit
숙박부 check-in slip[form]
숙박등록카드 registration card
방 번호 room number
방 열쇠 room key
룸 카드 room card
컨시어지 concierge
지배인 manager
총지배인 general manager
벨보이 bellboy[bellhop, porter]
봉사료 service charges
층 floor
엘리베이터 elevator[lift]
세금 tax
3박 4일 four days three nights

● 객실

1인용 침대 single bed
2인용 침대 double bed
1인용 침대 두 개 twin bed
여분의 침대 extra bed
1인용 객실 single room
2인용 객실(2인용 침대 한 개) double room
2인용 객실(1인용 침대 두 개) twin room
3인용 객실 triple room
퀸사이즈 침대 queen-size bed
킹사이즈 침대 king-size bed
스위트룸 suite room
(전망 좋은) 외측 객실 outside room
(전망이 좋지 않은) 내측 객실 inside room

● 호텔 관련 용어

성수기 high season
비수기 가격 off-season rate
객실 청소 make up
분실물센터 lost & found
면세점 duty-free shop[store]
발레파킹[주차대행] 서비스 valet parking service
예약 없이 오는 고객 walk-in guest
국내로 들어오는 외국인 관광객 in-bound

## 인터넷 이용하기

여행 중 다양한 정보와 후기는 인터넷에서! 숙소 관련 문의사항은 항상 프런트에서!

---

**도윤**    Excuse me, can I get free Wifi in my room?
저기요, 제 방에서 무료 와이파이 쓸 수 있나요?

**호텔 직원**    Sure. What's your room number?
그럼요. 객실 번호가 어떻게 되죠?

**도윤**    It is room 1405.
1405호요.

**호텔 직원**    Thank you. Here is the name of the network and this is your Wifi password.
감사합니다. 여기 네트워크 이름과 와이파이 비밀번호입니다.

**도윤**    Thanks, and one last question.
What time does breakfast finish?
고맙습니다. 마지막으로 질문 하나만 더요. 조식은 몇 시까지 하나요?

**호텔 직원**    Breakfast is between 7am and 10am at the restaurant over there.
조식은 아침 7시부터 10시까지 저쪽 식당에서 제공됩니다.

---

**거리에서 무료 와이파이를 쓰고 싶다면?**

거리에서 갑자기 무료 와이파이를 써야 한다면 먼저 가까운 프랜차이즈 커피 전문점이나 패스트푸드점을 찾는다. 보통 이 매장들 입구에는 Free Wifi라는 표시가 되어 있다. 대체로 음료나 음식을 구매한 경우에 한해 영수증에 자동으로 출력되어 나오지만, 직원에게 물어보면 메모지에 직접 적어주기도 한다.

> 제가 OO을 쓸 수 있을까요?   **KEY EXPRESSION 1**

# Can I get free Wifi in my room?

제 방에서 무료 와이파이 쓸 수 있을까요? '물건이나 서비스를 얻다/받다/쓰다'라고 말할 때 get을 쓸 수 있다. 대화에서와 같이 Can I get ~?이라고 말하면 '제가 ~을 쓸 수 있나요?'라는 표현이 되는 것이다.

- **1** Can I get an extra room key?
  여분의 방 키를 좀 받을 수 있을까요?

- **2** Can I get a hotel business card, please?
  호텔 명함 하나 얻을 수 있을까요?

- **3** Can I use free Wifi service here?
  여기에서 무료 와이파이를 사용할 수 있나요?

---

> 객실은 OO호입니다.   **KEY EXPRESSION 2**

# It is room 1405.

1405호인데요. 방의 호수를 말할 때, 'It is ~'라는 표현을 쓴다. 만약 전화로 얘기할 경우에는 'This is ~'라고 말하면 된다. 숫자 1405는 fourteen oh five라고 읽는다. 숫자 0은 zero 대신 oh로 읽는 것이 일반적이다.

방 호수 읽는 법을 잘 알아두도록 한다.

- **1** It is room 903. → nine oh three
- **2** It is room 819. → eight nineteen
- **3** It is room 1047. → ten forty seven

**몇 시에 OO하나요?**　　　　　　　　　　　**KEY EXPRESSION 3**

# What time does breakfast finish?

아침식사는 몇 시까지 하나요? 운영시간 및 일정 등의 구체적인 시간을 물을 때 꼭 필요한 표현이다. 'What time ~?(몇 시에 ~?)'으로 말문을 연다.

---

여러 가지 서비스의 시간을 물을 수 있다.

**1** What time does breakfast start?
아침식사는 몇 시에 시작하나요?

**2** What time does the bus leave?
버스는 몇 시에 출발해요?

**3** What time does the pool open?
수영장 몇 시에 열어요?

**4** What time do the shops here close?
여기 가게들은 몇 시에 닫아요?
- 주어(the shops)가 복수일 때에는 do를 쓴다.

---

이러한 질문에 다양하게 대답할 수 있다.

**1** Breakfast is between 7am and 10am.
오전 7시에 시작해서 오전 10시에 끝나요.
- between A and B (A부터 B까지)로 시작과 끝을 한꺼번에 얘기할 수 있다.

= Breakfast is from 7am to 10am.

**2** It leaves at 8am sharp. 정확히 오전 8시에 출발합니다.
- 시간 뒤에 sharp를 붙이면 '정확히 그 시각에'라는 의미로, 반드시 지켜야 한다.

**3** They open at 10:30 in the morning.
오전 10시 30분에 열어요.

**TRAVEL WORDS**

● 호텔 서비스

룸 서비스 room service
통역 서비스 interpreter service
셔틀버스 서비스 shuttle bus service
비즈니스 센터 business center
여행 안내 tour desk
모닝콜 wake-up call
세탁 서비스 laundry service
드라이 클리닝 서비스
dry-cleaning service
탁아 서비스 babysitting service
주차 서비스 valet parking service
메이드 서비스 maid service
봉사료 service charge
방해하지 마시오 Do Not Disturb
야간특별 할인요금 special night rates
유럽식 조반(빵, 커피 등으로 간단)
Continental breakfast
미국식 조반(달걀, 소시지 등으로 푸짐)
American breakfast

● 객실 편의 시설

스피커폰 speakerphone
노트북 laptop computer
무선 인터넷 wireless internet
초고속 인터넷
high-speed internet access
유선[케이블] TV cable TV
위성 TV satellite TV
위성 채널 satellite channels
디지털 위성방송
digital satellite broadcast
세계 각국의 신문
international newspaper
미니 바(호텔 객실의 작은 냉장고)
mini bar
객실 내 개인금고
in-room personal safe
스마트폰 충전기
smartphone battery charger

## 숙소에서 불편사항 말하기

숙소에서 도움이 필요한 상황이 생겨도 걱정하지 말자.

---

도윤 　　**Excuse me. I've got a little problem here.**
　　　　저기요. 작은 문제가 좀 생겨서요.

호텔 직원 　**What's the problem, sir?**
　　　　무슨 일이십니까, 손님?

도윤 　　**The toilet won't flush.**
　　　　화장실 물이 안 내려가요.

호텔 직원 　**Oh, I'm very sorry about that.**
　　　　저런, 정말 죄송합니다.

도윤 　　**Could you please send someone up here to fix it?**
　　　　누구 좀 올라와서 고쳐주실 수 있나요?

호텔 직원 　**Sure. Just a moment, please.**
　　　　물론입니다. 잠시만 기다리세요.

---

### 호텔에서 생긴 일

- 만일 객실 열쇠를 잃어버렸다면 프런트 데스크에서 다른 열쇠를 받기보다는 아예 다른 방으로 바꿔달라고 하는 것이 안전하다. 내 객실 열쇠가 누구 손에 들어가 있을지는 아무도 모르는 일이니까.
- 객실에 문제가 생겨 호텔 직원이 올라오면 반드시 신분을 확인하고 문을 열어 주도록 한다. 그리고 방문을 열어둔 채로 일을 처리하도록 하는 것이 좋다.

## 문제가 생겼어요.

**KEY EXPRESSION 1**

# I've got a little problem here.

작은 문제가 좀 생겨서요.  'have(~이 있다)'라는 표현을 대신해 일상 생활에서 구어체로 굉장히 많이 쓰이는 표현이 바로 'have got'이다.

문제가 발생했을 때 말할 수 있다.

1. I have a problem here.  여기 문제가 생겼어요.
2. I've got a problem with the TV.  텔레비전에 문제가 생겼어요.
   * with something을 덧붙여 구체적으로 어디에 문제가 생겼는지 말한다.
3. I've got a little problem with the door.  문에 작은 문제가 생겼어요.


## OO이 안 돼요.

**KEY EXPRESSION 2**

# The toilet won't flush.

화장실 물이 안 내려가요.  'won't(~하려고 들지를 않다)'라는 표현을 써서 원래대로 작동되지 않는 상황을 설명할 수 있다.

고장 난 것에 대해 얘기할 수 있다.

1. My TV won't turn on.  TV가 안 나오는데요.
2. The air conditioner won't work.  에어컨이 작동하지를 않아요.
3. The door won't lock from the outside.  문이 밖에서 잠기질 않아요.
4. I can't connect to Wifi.  와이파이가 안 돼요.

## OO 좀 해주실 수 있으세요?

**KEY EXPRESSION 3**

# Could you please send someone up here to fix it?

누구 좀 올라와서 고쳐주실 수 있나요? 상대방에게 무언가를 부탁할 때 쓸 수 있는 공손한 표현이다. 'Could you ~?'는 '~해 주실 수 있으세요?'라는 의미로 please를 붙여 좀 더 예의를 갖출 수도 있다. 이때 please는 Could you ~? 바로 뒤, 혹은 문장 맨 뒤에 붙인다.

---

공손하게 부탁할 수 있다.

**1** Could you do me a favor?
부탁 하나 드려도 될까요?

**2** Could you send someone?
누구 좀 보내주실 수 있나요?

**3** Could you please call me a taxi?
택시 좀 불러주실 수 있으세요?

**4** Could you have someone let me back into my room?
(방 문이 잠겼을 때) 제 방으로 다시 들어갈 수 있게 누가 좀 도와주시겠습니까?

---

다른 표현으로 부탁할 수도 있다.

**1** Can I get an extra pillow?
베개 좀 더 얻을 수 있을까요?

**2** Can I use the computer for a minute?
컴퓨터 잠깐만 써도 될까요?

**3** Can I please leave my bags here until this afternoon?
오늘 오후까지 제 가방들 여기에 맡길 수 있을까요?

• Can I ~?를 사용해 내가 ~해도 되는지를 물으며 간접적으로 부탁할 수 있다.

## TRAVEL WORDS

### ● 객실

- 침대 bed
- 시트 sheet
- 침대 옆 탁자 nightstand
- 침대 옆 스탠드 bedside lamp
- 평면 TV flat TV
- 에어컨 air conditioner
- 히터 heater
- 리모컨 remote (control)
- 금고 safe
- 냉장고 refrigerator
- 컵 cup
- 커피 포트 coffee pot
- 무선 전기주전자 cordless kettle
- 병따개 bottle opener
- 마시는 물 drinking water
- 카펫 carpet
- 슬리퍼 slippers
- 어댑터 adaptor
- 소파 sofa
- 팔걸이가 있는 의자 armchair
- 옷장 closet [wardrobe]
- 옷걸이 clothes hanger
- 화장대 dresser
- 선반 shelf
- 책상 서랍 desk drawer
- 온도조절기 temperature control

### ● 욕실

- 세면대 sink [basin]
- 샤워기 shower
- 욕조 bathtub
- 변기 toilet
- 치약 toothpaste
- 칫솔 toothbrush
- 비누 soap
- 샴푸 shampoo
- 린스 conditioner
- 화장지 toilet paper
- 거울 mirror
- 드라이기 hair dryer
- 머리빗 brush [comb]
- 면도기 razor
- 손톱깎이 nail clippers
- 수건 towel
- 얼굴 닦는 수건 face towel
- 목욕수건 bath towel
- 목욕 가운 bath robe
- 타월 걸이 towel rack
- 생리대 sanitary napkin [towel]
- 온수 hot water
- 냉수 cold water
- 수도꼭지 faucet
- 배수구 drain

## ● 여행영어 표현사전

### 숙소 예약

예약 좀 하려고요.
I'd like to make a reservation, please.

방 하나 예약하고 싶은데요.
I'd like to reserve a room, please.

욕조 있는 더블룸이면 좋겠어요.
I'd like a double room with a bath.

시내의 멋진 경치를 볼 수 있는 객실이요.
A room with a good view of downtown.

강이 보이는 방이면 좋겠습니다.
I'd prefer a room facing the river.

싱글룸 있나요?
Do you have any singles?

싱글 침대 있는 방으로 하나 주세요.
I need a room with a single bed.

싱글로 할게요.
I'd like a single, please.

더블베드로 주세요.
A double, please.

킹사이즈 침대로 방 하나 주세요.
I'd like a room with a king-sized bed.

날짜는요?
What days are you looking for? / For what dates?

(여기) 얼마 동안 묵으실 예정이세요?
How long will you be staying (with us)?

며칠 투숙하실 예정이세요?
How many nights will you be staying?

8월 5일부터 9일까지, 총 4박이요.
August 5th through the 9th, a total of four nights.

이번 주말에 한 명 가능한가요?
Is this weekend possible for one person?

객실요금은 얼마죠?
What's the room rate?

방 하나에 1박이면 얼마인가요?
How much is it per room, per night?

1박에 99달러입니다.
It's $99 per night.

아침 식사를 포함하나요?
Is the breakfast included?

할인 받을 수 있을까요?
Can I get a discount?

예약이 다 찼습니다.
We are fully booked.

빈 방이 없습니다.
We have no vacancies.

이것만 알아도 잠은 잔다!

다른 방법이 없을까요?
Is there anything you can do?

손님의 예약 기록을 찾을 수가 없습니다.
I can't find your reservation.

확인 전화를 주지 않으셔서 취소가 되었습니다.
Your reservation was cancelled because no one called to confirm.

## 숙소 체크인

체크인 할게요.
I'd like to check in, please.

예약하셨습니까?
Do you have a reservation?

예약되어 있는데요.
I have a reservation.

오늘 밤에 예약되어 있어요.
I have a reservation for tonight.

도윤이라는 이름으로 예약했습니다.
I have a reservation under the name of Do Yoon.

예약 안 했는데요.
I don't have a reservation.

성함의 철자가 어떻게 되나요?
How do you spell your name?

죄송합니다. 다시 한번 말씀해주시겠어요?
Pardon me. Would you repeat that, please?

빈 방 있어요?
Do you have any vacancies?

빈 객실이 좀 있습니다.
We do have some vacancies.

다른 호텔을 추천해 주실 수 있으세요?
Could you recommend another hotel?

근처에 다른 호텔이 있나요?
Are there any other hotels nearby?

여기 체크인 양식을 작성해 주십시오.
Please fill out this check-in form.

이 카드에 서명해 주십시오.
Please sign this card.

이 양식을 작성해 주십시오.
Please fill out this form.

샤워시설은 되어 있나요?
Does it have a shower?

방에 욕조가 있나요?
Does it have a bath?

조식 포함 85달러입니다.
It's $85 with breakfast.

● 여행영어 표현사전

세금과 봉사료가 얼마인가요?
How much are the tax and service charges?

계산은 어떻게 하실 건가요?
How would you like to pay?

현금으로 하시나요, 아니면 신용카드로 하실 건가요?
In cash or by credit card?

체크카드는 안 받으시나요?
Do you take debit card?

방이 준비될 동안 잠시 기다려주시기 바랍니다.
You will have to wait until your room is ready.

여기 방 열쇠 [카드] 있습니다.
Here is your room key [card].

방은 1405호입니다.
You're in room 1405.

방 번호는 832입니다.
Your room number is 832.

몇 층에 있나요?
Which floor is it on?

8층에 있습니다.
It's on the 8th floor.

저쪽에 있는 엘리베이터를 이용하시면 됩니다.
You can take the elevator over there.

객실이 서로 붙어있나요?
Are the rooms next to each other?

직원이 객실로 안내해 드릴 겁니다.
The bellhop [bellman, bellboy] will show you to your room.

## 숙소 서비스

부탁 좀 드릴까 하는데요.
I wonder if you could help me.

제 짐 좀 832호로 올려 주시겠어요?
Could you please take my luggage up to room 832?

조금 천천히 다시 말씀해 주시겠어요?
Could you repeat that more slowly?

회전문 조심하십시오.
Please watch out for the revolving door.

온도조절기는 벽에 있습니다.
The thermostat is on the wall.

필요한 게 있으시면, 2번 누르셔서 프런트로 전화주십시오.
If you need anything, just press 2 for the front desk.

### 이것만 알아도 잠은 잔다!

호텔 내의 물은 드시기에 안전합니다.
The water in the hotel is safe to drink.

셔틀버스는 어디에서 타나요?
Where can I catch the shuttle bus?

여기 수영장 있나요?
Do you have a pool?

레스토랑 있어요?
Is there a restaurant?

얼음 나오는 기계 어디 있나요?
Where is the ice dispenser?

음료 자판기가 있나요?
Is there a beverage vending machine?

사용할 수 있는 팩스 있나요?
Do you have a fax machine I can use?

룸 서비스가 몇 번이죠?
What number do I press for room service?

뜨거운 물 좀 주실래요?
Can I get some hot water, please?

어떤 음식이 있나요?
What kind of food do you have?

달걀 한 쪽만 프라이해서 두 개, 버터 바른 토스트, 그리고 커피 가져다 주세요.
Please bring me two eggs, sunny-side up, buttered toast and coffee.

아침 식사 비용은 1206호에 달아놓으세요.
Please add the bill for breakfast to room 1206.

아침 식사하는 데는 어디죠?
Where can I have breakfast?

아침 식사가 나오나요?
Is breakfast served?

앞으로 3일 동안의 날씨를 좀 알고 싶은데요.
Can I have a weather forecast for the next three days?

세탁할 곳이 있나요?
Is there somewhere to wash clothes?

세탁 맡길 게 있는데 어디에 놓으면 되나요?
Where do I put my dirty laundry to get it cleaned?

이 셔츠들 좀 내일 오전 7시 반까지 세탁해주실래요?
Could you clean these shirts by seven thirty in the morning tomorrow?

방 청소 좀 해주시겠습니까?
Could you please make up my room?

책상 위에 있는 것들은 아무것도 치우지 말아주세요.
Please do not move any of the stuff on the desk.

옷걸이 두 개만 더 갖다 주세요.
Please send two more hangers.

● **여행영어 표현사전**

이불 하나 더 주실 수 있어요?
Could I have an extra blanket?

혹시 아기 침대 좀 쓸 수 있을까요?
Do you have any baby cribs I could use?

아이용 칫솔이랑 치약 있나요?
Do you have a toothbrush and some toothpaste for kids?

대여용 침대 안전가드가 있나요?
Do you provide any bed rails to borrow?

여기에 귀중품 좀 맡길 수 있을까요?
Can I leave valuables here?

체크아웃 할 때까지 이것 좀 보관해 주세요.
Please keep this until I check out.

언제까지 맡기실 건가요?
How long would you like us to keep it?

내일 모레, 체크아웃 할 때까지요.
The day after tomorrow, when I check out.

여기서 환전할 수 있나요?
Do you change money here?

제게 온 메시지 혹시 없나요?
Is there a message for me?

제 열쇠 좀 주실래요?
Could I have my key?

여기 한국어 할 줄 아는 분 계세요?
Does anyone here speak Korean?

발레파킹 되나요?
Do you provide valet parking service?

택시 좀 불러주시겠어요?
Can you call a taxi for me?

주변에 괜찮은 식당 있나요?
Are there any good restaurants nearby?

걸어갈 수 있는 거리에 식료품점 있나요?
Are there any grocery stores within walking distance?

시내로 가는 무료 셔틀버스가 있나요?
Is there a free shuttle bus for downtown?

## 숙소 이용 불편 사항

제가 예약한 종류의 방이 아닌데요.
This isn't the kind of room I reserved.

금연룸을 달라고 했었는데 아닌 것 같아요.
I asked for a nonsmoking room but this one isn't.

1723호인데요. 방에 문제가 있어요.
There's a problem with my room, number 1723.

이것만 알아도 잠은 잔다!

창문이 안 열려요[닫혀요].
I can't open[close] the window.

에어컨이 고장 났어요.
The air conditioner doesn't work.

방에 TV가 고장이에요.
The TV in my room doesn't work.

변기 물이 안 내려가요.
The toilet won't flush.

변기가 막혔어요.
The toilet is clogged.

변기 탱크의 물이 계속 나오는데, 멈추질 않네요.
The water in the toilet tank keeps running and it won't stop.

따뜻한 물이 안 나와요.
There's no hot water in my room.

샤워기가 고장이에요.
The shower doesn't work.

수건이 부족해요.
We don't have enough towels.

다른 방으로 옮길 수 있을까요?
Can I move to another room?

열쇠를 방에 두고 나왔어요.
I'm locked out.

방 안에 열쇠가 있는데 문이 잠겨버렸어요.
I locked my key in the room.

제 방에 열쇠를 두고 나왔어요.
I left my key in my room.

열쇠 [카드]를 잃어버렸어요.
I lost my key [card].

열쇠 하나 더 받을 수 있을까요?
May I have an extra key?

방안이 너무 추워요[더워요].
It's too cold[hot] in here.

난방이 안 돼요.
There's no heat.

너무 시끄러워요.
It's too noisy.

더 조용한 방은 없나요?
Do you have anything quieter?

옆 방의 TV 소리가 너무 커요.
The TV in the next room is too loud.

전기가 안 들어와요.
The electricity isn't working.

방에서 냄새가 나요.
There is a bad smell in the room.

담요가 별로 깨끗하지 않아요.
This blanket is not clean.

인터넷이 안 돼요.
The Internet is not working.

● 여행영어 표현사전

랜선이 없는데요.
There's no LAN lines.

와이파이가 안 터져요.
I can't get the Wifi.

방이 마음에 안 드는데요.
I don't like this room.

10층에 있는 자판기가 고장이에요.
The vending machine on the 10th floor is out of order.

돈만 먹고 아무것도 안 나와요.
It takes money, but nothing comes out.

콜라는 나왔는데, 거스름돈이 안 나왔어요.
I got a Coke, but I didn't get change.

매니저분과 얘기 좀 할 수 있을까요?
Can I talk to the manager, please?

## 숙소 체크 아웃

체크아웃 시간이 몇 시에요?
What time is check-out?

언제 방을 비워야 되는 거죠?
What time do we have to check out?

오후 5시로 체크아웃 시간을 미뤄도 될까요?
Could I push back my check-out until 5pm?

체크아웃 하려면 어디로 가면 되죠?
Where do I go to check out?

지금 체크아웃 하려고 하는데요.
I'd like to check out now.

하루 일찍 체크아웃 하려고 하는데요.
I'd like to check out a day earlier.

저 지금 떠나려고 하는데요.
I'd like to leave now.

1405호로 누구 좀 올라오셔서 가방 좀 내려다 주실 수 있을까요?
Would you send someone up to room 1405 for my baggage?

제 짐 좀 내려다 주세요.
Please have my luggage brought down.

오늘 밤까지 가방들을 좀 맡겨놓아도 될까요?
Can I leave my bags until tonight?

제 짐을 3시까지 맡길 수 있을까요?
Could you keep my baggage until three?

저 하루 더 묵을 수 있을까요?
Can I stay here one more night?

이것만 알아도 잠은 잔다!

오전 9시에 퇴실할 거니까 계산서 미리 준비해주세요.
Please have my bill ready for me to check out at 9am.

계산서 좀 준비해 주실래요?
Will you prepare my bill?

계산할게요.
I'd like to pay the bill.

총 235달러입니다.
It comes to a total of $235.

신용카드 되나요?
Can I use my credit card?

어떤 신용카드 받으세요?
What credit cards do you take?

여기에 서명 부탁 드립니다.
Would you sign here, please?

이거 제 룸 서비스 계산서가 아닌데요.
This isn't my room service bill.

좀 많이 나온 것 같아요.
This seems a little high.

이건 무슨 비용이죠?
What is this charge for?

그건 봉사료 15%입니다.
That's a 15% service charge.

그건 손님께서 객실에서 드신 음료 비용입니다.
It is for the beverage you had in the room.

제 기억으로는 방에서 음료를 마시지 않았는데요.
I don't remember using the mini bar.

제 기억에 전 방에서 아침을 주문하지 않았어요.
I don't remember ordering breakfast in bed.

객실 번호를 제대로 알고 계신 것 맞아요?
Are you sure you have the right room number?

뭔가 착오가 있는 것 같군요.
There must be some mistake.

계산에서 뭐가 잘못됐네요.
There is a mistake on the bill.

객실에서 국제 전화를 사용하셨나요?
Did you make an international call from your room?

전 전화를 사용하지 않았습니다.
I didn't make any phone calls.

잘 지내다 가네요, 감사합니다.
I had a great stay, thank you.

이것만 알아도 돌아는 다닌다!

# Getting Around

You can't understand a city without using its public transportation system.

대중교통을 이용해 보지 않고서는 그 도시를 제대로 이해할 수 없다.
- Erol Ozan

## 걸어서 여행하기

지도를 보며 거리 구석구석을 도보로 여행하는 시간.
현지인들에게 자연스럽게 말을 건네볼 수 있는 좋은 기회이다.

---

**도윤**  Excuse me. I think I'm lost. Could you tell me the way to Queen St., please?
실례합니다. 제가 길을 잃은 것 같아서요. 퀸 스트리트로 가는 길 좀 가르쳐주시겠어요?

**현지인**  Just go up there, and turn left at the lights.
저쪽으로 가서서 신호등 왼쪽으로 도시면 돼요.

**도윤**  Um... Sorry. I'm not very good at English. Could you speak more slowly?
음… 죄송한데요. 제가 영어를 잘 못해서요. 좀 천천히 말씀해 주실래요?

**현지인**  Sure. Go up to the traffic lights, and then turn left at the lights. That's Queen Street.
그러죠. 저기 신호등까지 가세요. 그리고 그 신호등에서 좌회전하세요. 거기가 퀸 스트리트에요.

**도윤**  Thanks for your help.
도와주셔서 감사합니다.

---

### 여성 여행자라면 이 방법을!

자신의 안전은 자기가 지켜야 하는 법. 미혼이라도 결혼반지나 약혼반지로 보일 수 있는 반지를 끼는 것이 여러 모로 안전할 수 있다. 낯선 사람들과 함께 엘리베이터를 탄다면 가장 마지막에 층수를 누르는 것도 한 방법이다.

### ○○에 가는 길 좀 가르쳐주시겠어요?

KEY EXPRESSION 1

# Could you tell me the way to Queen St., please?

퀸 스트리트로 가는 길 좀 가르쳐주시겠어요? 현지인에게 길을 물어볼 때 유용한 표현들 중 여기서는 'Could you tell me the way to ~?(~로 가는 길 좀 알려주시겠어요?)'라는 표현을 먼저 소개하였다. 물론 이때도 낯선 사람에게 도움을 청하는 것이므로 please를 넣어 보다 공손하게 하는 것이 좋겠다.

---

다른 방법으로 길을 물을 수도 있다.

**1** Could you tell me the way to the nearest supermarket?
가장 가까운 슈퍼마켓에 가는 길 좀 알려주시겠어요?

**2** Could you show me the way to Queen St., please?
퀸 스트리트에 가는 길 좀 알려주시겠어요?

**3** Where is the bathroom around here?
이 근처에 화장실이 어디 있나요?

---

이러한 질문에는 이런 대답을 들을 수 있다.

**1** Turn left[right]. 왼쪽[오른쪽]으로 도세요.

**2** Turn left at the bookstore. 서점에서 왼쪽으로 도세요.

**3** Go up to the traffic lights. 신호등 있는 데까지 가세요.
• 여기서 up은 '위로'라기 보다는 '길을 따라 올라가다'는 의미이다.

**4** Go to the second light. 두 번째 신호등까지 가세요.

전 OO을 잘 못해요.　　　　　　　　　　　KEY EXPRESSION **2**

# I'm not very good at English.

제가 영어를 잘 못해서요.　현지인의 영어를 알아듣기 힘들 때는 이런 표현으로 양해를 구하자. 'I'm not very good at ~'은 '제가 ~을 잘 못합니다'라는 표현. 뒤에 English 혹은 speaking English 등을 넣을 수 있다.

- **1** I'm not good at English. 저 영어 잘 못해요.
- **2** I'm not very good at speaking English.
  제가 그다지 영어를 잘하지 못해요.
- **3** I don't understand English very well. 저 영어 잘 못해요.


OO해주셔서 고맙습니다.　　　　　　　　　KEY EXPRESSION **3**

# Thanks for your help.

도와주셔서 고맙습니다.　외국에서는 작은 도움에도 Thank you.라는 표현으로 감사의 마음을 전하는 것이 일반적이다. 좀 더 구체적으로 어떤 것에 대해 고마운지를 전하려면 'Thanks for ~'라고 하면 된다. for 뒤에는 your help 혹은 helping me 등의 표현이 올 수 있다.

고마움을 마음껏 표현해보자.

- **1** Thanks for helping me. 도와줘서 고마워요.
- **2** Thank you for helping me out. 도와주셔서 고맙습니다.
- **3** Thank you very much for your help. 도와주셔서 정말 감사합니다.

# TRAVEL WORDS

● 길에서 볼 수 있는 것들

길 road
인도 sidewalk[pavement]
자전거 도로 bicycle lane
차도 roadway[driveway]
사거리 crossroad
로터리 roundabout
횡단보도 crosswalk
다리 bridge
육교[고가] overpass
지하도 underpass
일방통행 one-way street
버스 전용 차선 bus lane
과속방지턱 speed bump
신호등 traffic lights
빨간 불 red light
황색 불 amber light
파란 불 green light
교통표지판 traffic sign
도로표지판 street sign
지하철 입구 subway entrance
분수 fountain
건물 building
광장 square
가판대 newsstand
우체통 mailbox
휴지통 garbage can[litter bin]

● 길을 물을 때 알아둘 것

위치 location
방향 direction
오른쪽 right
왼쪽 left
이쪽 this way
저쪽 that way
반대쪽 the other way
앞 front
앞쪽에 ahead
뒤 back
옆 next to
맞은편 across from
거리 street[avenue]
모퉁이 corner
북쪽 north
남쪽 south
동쪽 east
서쪽 west

TRAVEL STORY 08

# 택시·버스 타기

외국에서 택시나 버스와 같은 교통수단 이용하기에 도전해보자.

---

도윤     Hi. **Please take me to this address.**
안녕하세요. 이 주소로 좀 가주세요.

택시기사     Sure.
그러죠.

도윤     **Is it far from here?**
거기가 여기서 먼가요?

택시기사     At this time, it will take about 20 minutes.
이맘때면, 한 20분쯤 걸리겠네요.

도윤     (after a while) **Please let me out at the next set of lights.** How much?
(잠시 후) 다음 신호에서 좀 세워주세요. 얼마죠?

택시기사     It's $20. Thank you.
20달러입니다. 감사합니다.

---

**택시에서 내릴 때만큼은 꼬리가 길게!**

택시의 뒤 트렁크에서 꺼낼 짐이 있을 때는 짐을 다 내릴 때까지 좌석 쪽의 차 문을 그대로 열어두는 것이 좋다. 그래야 혹시 빠뜨린 것이 있는지 마지막으로 확인도 하기 전에 택시가 출발하는 것을 막을 수 있다. (참고로, 일본 등 일부 나라의 택시는 뒷좌석 문이 자동으로 닫히니 알아두자.)

## ○○로 가주세요.

**KEY EXPRESSION 1**

# Please take me to this address.

이 주소로 좀 가주세요. 택시를 탄 후, 가야 할 목적지를 말할 때 'Please take me to ~(~로 가주세요)'라고 할 수 있다. to 뒤에는 목적지의 이름을 바로 말하거나, 대화에서와 같이 주소를 보여주며 말할 수도 있다.

택시기사에게 이렇게 말할 수 있다.

1. **To City hall, please.** 시청이요.
   - 간단히 목적지만 말한 후, please를 붙여도 된다.

2. **To this address, please.**
   이 주소로 가주세요.

3. **Please take me to the Royal hotel.**
   로얄 호텔로 가주세요.

4. **Can you take me to this address, please?**
   이 주소로 좀 데려가 주실래요?

5. **Could you take me to City Hall, please?**
   시청으로 가주십시오.
   - Can you ~? 혹은 더 공손하게 Could you ~?로 부탁할 수도 있다.

**(거리가) OO인가요?**  KEY EXPRESSION 2

# Is it far from here?

거기가 여기서 먼가요? 'far(거리상 먼), close(거리상 가까운)'를 사용해 목적지까지의 거리를 대략적으로 물을 수 있다.

- ① Is it far? 거기 멀어요?
- ② Is it close (by)? 가깝나요?
- ③ How far is it from here? 거기가 여기서 얼마나 먼가요?

**OO에서 세워주세요.**  KEY EXPRESSION 3

# Please let me out at the next set of lights.

다음 신호에서 좀 세워주세요. 'let me out'은 단어 그대로 보자면 '나로 하여금 나가게 해달라'는 뜻이다. 즉, 차 안에 타고 있는 상황에서 운전자에게 차를 세워 내리게 해달라는 의미로 쓸 수 있다. 신호등은 set of lights로 말한다.

택시를 세워달라고 할 때 다양하게 말할 수 있다.

- ① Please stop here. 여기서 서 주세요.
- ② Just pull over here. 그냥 여기서 세워주세요.
- ③ Please let me out at the corner. 모퉁이에서 세워주세요.
- ④ Please stop at the next intersection. 다음 교차로에서 내려주세요.

## TRAVEL WORDS

### ●버스

버스기사 bus driver
승객 passenger
마을버스 local bus
시내버스 city bus
장거리 버스 coach[long distance bus]
관광버스 tour bus
2층 버스 double-decker bus
버스 정류장 bus stop
버스 터미널 bus station
버스 노선표 bus route map
버스 요금 bus fare
버스 티켓 bus ticket
버스 정기권 bus pass
티켓 자판기 ticket (vending) machine
출발시간 departure time
도착시간 arrival time
직행 direct
도중 하차 layover[stopover]
종점 last stop
휴게소 rest stop[area]
버스 전용차선 bus-only lane
(버스 외부 하단의) 짐칸 luggage compartment

### ●택시

택시 taxi[cab]
택시기사 taxi driver
택시 정류장 taxi stand
택시요금 taxi fare
기본요금 basic rate
할증요금 extra charge
앞좌석 front seat
뒷좌석 back seat
미터기 fare meter
거스름돈 change
팁 tip
영수증 receipt
교통 체증 traffic jam
러시아워 rush hour

## 지하철·기차 타기

다른 나라의 지하철이나 기차는 우리와 어떻게 다른지 직접 한번 타보자.

---

도윤　**Excuse me. I need to go to Central station. Where should I transfer?**
　　　저기요. 제가 센트럴 역에 가야 하는데요. 어디에서 갈아타야 하나요?

여자　**Transfer to the Green line at King's station.**
　　　킹스 역에서 녹색라인으로 갈아타세요.

도윤　**How many stops until King's station?**
　　　킹스 역까지는 몇 정거장 남았나요?

여자　**Just watch me and get off one stop after I do.**
　　　절 보고 계시다가 제가 내리는 다음 정거장에서 내리세요.

도윤　**That's very kind of you. Thank you very much.**
　　　정말 친절하시네요. 감사합니다.

여자　**No problem.**
　　　뭘요.

---

**사람들이 북적이는 곳에서는 자나깨나 소매치기 조심**

사람들로 북적이는 곳, 유명 관광지, 기념품 가게, 지하철 역 등은 소매치기의 활동무대이기 쉬우므로 가방을 조심한다. 옆으로 매는 가방은 반드시 앞쪽으로 매고, 귀중품은 배낭에 넣지 말고 작은 가방에 따로 보관하자. 지퍼가 달린 가방을 맨다면 두 지퍼의 구멍 사이로 옷핀을 통과시켜 채워놓는 것도 좋은 방법이다.

### 제가 OO에 가야 하는데요.

**KEY EXPRESSION 1**

# I need to go to Central station.

제가 센트럴 역에 가야 하는데요. 'need to ~'는 자신이 해야 할 필요가 있는 일, 즉 계획을 말할 때 쓸 수 있는 표현이다. '~해야 한다'라고 해서 'have to ~'와 같은 강한 의무의 느낌을 갖지는 않는다.

1. I need to go there. 저 저기에 가야 하는데요.
2. I need to go to my hotel. 저 제가 묵고 있는 호텔로 가야 하는데요.
3. I need to go to a pharmacy [drugstore]. 약국에 가야 하는데요.

### OO까지 몇 정거장 남았어요?

**KEY EXPRESSION 2**

# How many stops until King's station?

킹스 역까지 몇 정거장 남았나요? 목적지까지 몇 정거장이 남았는지를 물을 때 쓸 수 있는 표현으로 How many stops until ~? 뒤에 목적지를 붙여 말할 수 있다.

1. How many stops to Central station?
   센트럴 역까지 몇 정거장 남았나요?
2. How many stops until where I need to get off?
   제가 내려야 하는 데까지 몇 정거장이나 남았어요?

정말 친절하세요.

KEY EXPRESSION 3

# That's very kind of you.

정말 친절하시네요. 상대가 베푼 친절한 행동에 대해 감사를 표할 때 할 수 있는 표현이다. That's very kind.라는 기본 문구 뒤에 구체적인 내용을 덧붙여 가며 다양한 표현을 만들 수 있다.

---

상대의 행동에 대해 고마워할 때 이렇게 말한다.

**1** That's very kind.  정말 친절하시네요.
- That은 앞서 상대가 한 행동 자체를 가리킨다.

**2** It's very nice of you.  정말 친절하세요.
- 'of+사람'은 친절한 행동을 베푼 사람을 의미한다.

**3** That's so nice of you.  정말 감사해요.
- nice는 '친절한, 상냥한, 착한' 등의 의미로 다양하게 쓰인다.

구체적으로 상대가 한 행동을 언급할 수도 있다.

**1** It's very kind of you to do so.
그렇게 해주시다니 참 친절도 하셔라.
- to 뒤에 상대가 한 구체적인 행동을 덧붙여 말할 수 있다.

**2** It's very kind of you to say that.
그렇게 말씀해주시니 고맙습니다.

**3** That's so nice of you to help me.
절 도와주시다니 감사해요.

**4** That's so nice of her to invite us over.
우리를 초대해 주다니 그녀는 참 친절해.
- 제3자에 대해서도 말할 수 있다.

## TRAVEL WORDS

### ● 지하철

지하철 subway [underground, metro, tube]
플랫폼 platform
입구 entrance
출구 exit
노선 line
노선표 subway map
시간표 timetable
첫차 first train
막차 last train
요금 fare
표 ticket
교통카드 fare card
1일권 one-day pass
정기권 pass
매표소 ticket office
표 자판기 ticket machine
자판기 vending machine
물품 보관함 luggage [coin] locker
안내방송 announcement
환승 transfer
좌석 seat
손잡이 ring [strap]
에스컬레이터 escalator
신문 가판대 paper stand

### ● 기차

역 station
중앙역 central station
매표소 ticket office [booth]
열차 train [car]
선로 railroad (track)
차장 conductor
탑승 boarding
예약 reservation
레일패스 rail pass
편도 one way
왕복 round trip
지정석 reserved seat
자유석 non-reserved seat
급행[특급]열차 express train
식당차 dining car
머리 위 선반[짐칸] overhead rack [bin]
침대차 sleeping car
(침대차의) 위칸 upper berth
(침대차의) 아래칸 lower berth
통로 aisle
개찰구 ticket gate
회전식 개찰구 turnstile

# 렌터카 이용하기

국제운전면허증이 준비되어 있다면 낯선 곳을 직접 운전해 달리는 재미도 느껴봐야겠죠? 단, 무조건 안전하게!

---

**도윤** I'd like to rent a car, please.
차를 한 대 렌트하고 싶은데요.

**직원** Do you have a reservation?
예약하셨나요?

**도윤** No, I don't. Do I have to have one?
아뇨. 해야 하나요?

**직원** No, that's fine. Do you have a driver's license?
아뇨, 괜찮습니다. 면허증은 있으세요?

**도윤** Sure. Do you want me to show it to you?
그럼요. 보여 드릴까요?

**직원** Yes, please. Thank you.
네. 감사합니다.

---

### 렌터카 이용 팁

- 미리 예약을 하면 좀더 저렴하게 차를 대여할 수 있다.
- 반드시 여분의 차 열쇠를 받아 따로 보관해 두자. 열쇠를 잃어버렸거나 혹은 열쇠가 차 안에 있는데 문이 잠겨 난감할 때 유용하게 쓸 수 있다.
- 우리나라와 도로 방향이 반대인 나라에서는 운전에 각별히 주의해야 한다.

## 제가 OO하고 싶은데요.

**KEY EXPRESSION 1**

# I'd like to rent a car, please.

차를 한 대 렌트하고 싶은데요. 'I'd like to ~(~하고 싶다)'는 잘 모르는 사람에게 격식을 차려서 도움이나 서비스를 부탁할 때 쓴다. 가게나 상점 등의 장소에서 굉장히 많이 빈번하게 쓰이는 표현이므로 반드시 알아두자.

---

하고자 하는 것을 말할 수 있다.

**1** I'd like to rent a compact car.
소형차를 렌트하려고 하는데요.

**2** I'd like to rent a mid-size car.
중형차 한 대를 빌리고 싶은데요.

**3** I'd like to return this car, please.
이 차를 반납하고자 하는데요.
• return은 책이나 자동차 등 빌려갔던 것을 반납한다는 의미이다.

---

더 간단하게 말할 수도 있다.

**1** I'd like this one, please.
저 이걸로 주세요.
• 직접 대상을 가리키며 말할 수 있다.

**2** I'd like a small car, please.
소형차 한 대 빌리고 싶은데요.
• I'd like ~ 뒤에 명사를 쓸 수도 있다.

**3** I'd like something bigger.
(그것보다) 더 큰 것이면 좋겠어요.
• '~한'에 해당하는 것은 반드시 something 뒤에 위치한다.

---

■ 요즘에는 한국어 서비스가 가능한 내비게이션을 대여할 수 있는 경우가 많으니 꼭 확인해보자.

### 제가 OO해야 하나요?

**KEY EXPRESSION 2**

# Do I have to have one?

**해야 하나요?** 원래는 Do I have to have a reservation?이라고 해야 하지만 한번 언급한 것은 다시 말하지 않는 것이 영어의 특징이기 때문에 두 번째부터는 one으로 a reservation을 대신한다.

앞 뒤 문맥상 생략이 가능하다면.

- **1** Do I have to? 그래야 돼요?
- **2** Do I have to get one? 그거 받아와야 해요?
- **3** Do I have to bring one? 그거 가져 와야 하나요?

### 제가 OO할까요?

**KEY EXPRESSION 3**

# Do you want me to show it to you?

**보여 드릴까요?** 'Do you want to ~?(당신은 ~을 하고 싶어요?)'와 헷갈리지 않도록 주의해야 할 표현이다. 중간에 me가 들어가면서 의미가 완전히 달라지기 때문이다. 즉, '당신은 제가 ~하기를 원하세요?'라는 뜻으로, '제가 ~할까요?(Do you want me to ~?)'가 된다.

- **1** Do you want me to do it? 제가 그걸 할까요?
- **2** Do you want me to carry it? 제가 그걸 들까요?
- **3** Do you want me to fill out this form now?
  이 양식을 지금 작성할까요?

## TRAVEL WORDS

● 렌트할 때

렌터카 rental car
하루 대여료 daily rate
대여 요금 rental fee[rate]
대여 일시 pick-up date
반납 일시 return date
대여 기간 rental period
주말 특가 weekend special
보증금 deposit[bond]
주행거리 mileage
운전 경력 driving record
GPS 내비게이션 GPS navigation
자동차 보험 auto[motor] insurance
차량 대여 동의서
car rental agreement
국제운전면허증
international driver's license
유아용 카시트
infant child seats[car seats]

● 차량 종류

경차 mini-compact
소형 compact
표준형 standard
대형 full-size [large]
중형 mid-size
2인승 two-seater
소형 트럭 small pickup

소형 승합차 minivan
대형 승합차 large van
고급차 luxury
오픈카 convertible
스포츠형 다목적 차량 SUV
자동변속기 automatic transmission
수동변속기
manual[standard] transmission

● 운전하면서 알아야 할 것들

추월금지 No Passing
주차금지 No Parking
안전벨트 seat belt
차선 lane
일방통행 one-way
어린이 보호구역 School Zone
지도 road map
주차장 parking lot
주차요금 parking fee
주차요금기 parking meter
주유소 gas[petrol] station
휘발유 gasoline[petrol]
디젤 diesel
고장 break-down
펑크 난 타이어 flat tire
사고 accident
견인 towing
견인차 tow truck

● 여행영어 표현사전

## 거리에서 길 묻고 답하기

제가 길을 잃은 것 같아요.
I seem to be lost.

저 좀 도와주시겠어요? 길을 잃었거든요.
Can you help me? I'm lost.

방향 좀 물어도 될까요?
Can I ask for some directions?

MOMA까지 가는 길을 못 찾겠어요.
I can't find my way to MOMA.

이 지도에서 좀 보여주실래요?
Could you show me on this map?

제가 길을 잃었어요. 이 지도상에 어디쯤 있는 건가요?
I'm lost. Where am I on this map?

여기서 거기까지 걸어갈 수 있나요?
Can I walk there from here?

걸어가면 거기까지 얼마나 걸릴까요?
How long does it take to walk there?

걸을 수 있는 거리는 아니에요.
It's not within walking distance.

여기서 차로 10분 걸리는 거리예요.
It's a ten minute drive from here.

시내까지 버스로는 얼마나 걸려요?
How long does it take to get to downtown by bus?

이게 시내로 가는 길인가요?
Is this the road to downtown?

이 길 따라 죽 가시면 됩니다.
It's just up the road.

저도 여기 잘 몰라서요.
I'm not from here myself.

저도 퀸 스트리트 가는 길을 모르는데 어쩌죠.
I'm afraid I don't know the way to Queen Street.

제가 시내로 가고 있는 것 맞아요?
Am I headed toward downtown?

여기서 중앙역까지 어떻게 가요?
How do I get to Central Station?

어디가 남쪽이죠?
Which way is south?

거기까지는 얼마나 멀어요?
How far away is it?

여기서 먼가요?
Is it far from here?

퀸 스트리트가 어딘지 아세요?
Do you know where Queen Street is?

퀸 스트리트까지 가는 가장 빠른 방법이 뭐예요?
What's the quickest way to Queen Street?

이것만 알아도 돌아는 다닌다!

기차역이 어딘지 아세요?
Do you know where I could find the train station?

제일 가까운 전철역이 어디예요?
Where is the nearest subway station?

교회가 어디인지 좀 알려주실래요?
Can you tell me where the church is?

교회까지 가는 가장 빠른 방법이 뭐죠?
What's the fastest way to get to the church?

지하철을 타셔서 네 정거장 후에 내리세요.
Take the subway and get off after four stops.

이 지도상에서 빅토리아 극장이 어디인가요? 표시 좀 해주실래요?
Where is Victoria Theater on this map? Can you mark it?

우체국이 어디에요?
Where is the post office?

이 근처에 약국 있나요?
Is there a drugstore nearby?

왼쪽[오른쪽]에 있어요.
It's on your left[right].

모퉁이 돌면 바로 있어요.
It's just around the corner.

다음 코너에서 오른쪽으로 도세요.
Turn right at the next door.

길을 건너세요.
Cross the street.

다리를 건너세요.
Cross the bridge.

은행 옆에 있어요.
It's next to the bank.

다음 블록에 있어요.
It's on the next block.

직진해서 두 블록 가시면 있어요.
It is two blocks straight ahead.

GAP 매장까지 가셔서 왼쪽으로 도세요.
Go down to GAP and turn left.

이 길 따라 가시면 왼쪽에 있어요.
It's just this way and on your left.

시내 쪽으로 가시면 공원 바로 못 가서 있어요.
Head downtown and you'll see it just before the park.

신호등까지 가셔서 왼쪽 길로 가세요.
Up to the lights and take the road to the left.

신호등 세 개를 지나 가세요.
Go through three lights.

● 여행영어 표현사전

표지판을 따라 가세요.
Just follow the signs.

쉽게 찾으실 수 있을 거예요.
You can't miss it.

로비로 가셔서 데스크 직원에게 물어보세요.
Go to the lobby and ask the clerk at the desk.

관광버스 투어가 있나요?
Is there a sightseeing bus tour?

## 버스 타기

버스표를 어디서 사나요?
Where can I buy a bus ticket?

요금이 얼마죠?
What's the fare?

이 근처에 버스 정류장 있나요?
Is there a bus stop around here?

퀸 스트리트로 가는 버스 정류장이 어디예요?
Where is the bus stop for Queen Street?

이 버스 시내에 가나요?
Does this bus go downtown?

이 버스 센트럴파크에 가요?
Does this bus go to the Central Park?

이거 퀸 스트리트에 가는 버스 맞아요?
Is this the right bus for Queen Street?

버스를 잘못 타셨네요.
You are on the wrong bus.

이 버스 어디까지 가나요?
How far does this bus go?

이게 메인 스트리트 가는 버스인가요?
Is this the bus to Main Street?

루브르 박물관에 가려면 몇 번 버스를 타야 하나요?
Which bus goes to Louvre Museum?

갈아타야 하나요?
Do I need to transfer?

저 어떤 버스로 갈아타야 돼요?
Which bus should I transfer to?

다음 버스는 언제 있어요?
When is the next bus?

버스가 얼마나 자주 와요?
How often does the bus come?

15분 간격으로 와요.
The buses come every 15 minutes.

이것만 알아도 돌아는 다닌다!

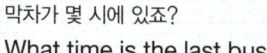

막차가 몇 시에 있죠?
What time is the last bus?

퀸 스트리트까지 얼마에요?
How much is it to Queen Street?

요금은 어디에 내요?
Where should I pay the fare?

환승이요.
Transfer, please.

시내까지 얼마나 걸릴까요?
How long will it take to get to downtown?

거기에 도착하거든 좀 알려주실래요?
Will you let me know when we get there?

어디서 내리면 되는지 알려주실 수 있으세요?
Could you tell me where to get off?

창문 좀 열어주시겠어요?
Can you open that window?

창문 좀 닫아도 될까요?
Do you mind if I close the window?

여기가 어디죠?
Where are we?

여기가 무슨 정류장이죠?
What stop are we at?

다음 정류장이 어디예요?
What stop is next?

경기장까지 몇 정거장 남았어요?
How many more stops to the stadium?

저 이번에 내리면 되나요?
Is this where I should get off?

제가 내릴 정류장을 지나친 것 같아요.
I think I missed my stop.

여기가 정류장이 아닌 건 알지만, 여기서 좀 내려주시겠어요?
I know this isn't a bus stop, but can you let me off here?

## 택시 타기

택시 정류장이 어디예요?
Where is the taxi stand?

택시 한 대 불러주시겠어요?
Would you call a taxi for me, please?

트렁크 좀 열어주세요.
Please open the trunk.

트렁크 안 열리는데요.
The trunk is not opening.

113

## ● 여행영어 표현사전

이거 싣는 것 좀 도와주실래요?
Can you help me put this in?

손님, 어디로 모실까요?
Where to, lady[sir]?

시청이요.
City Hall, please.

공항으로 가주세요.
Take me to the airport.

이 주소로 가주세요.
Take me to this address, please.

공항까지 빨리 좀 가주세요.
The airport, and make it quick.

늦었으니까 서둘러주세요.
I'm late, please hurry.

택시 미터기를 켜주세요.
Could you turn on the meter?

서두를 필요 없으세요.
There is no need to hurry.

속도 좀 낮춰주세요.
Slow down, please.

얼마나 걸릴까요?
How long will it take?

여기서 먼가요?
Is it far from here?

너무 돌아가시는 거 같은데요.
I think you're taking the long way.

지금 붐비는 시간이에요.
It's a rush hour.

담배 좀 피워도 될까요?
Mind if I smoke?

담배 피우지 말아주세요.
Please don't smoke.

안이 너무 덥네요[춥네요].
It's too hot[cold] in here.

에어컨 좀 틀어주실래요?
Could you turn on the air-conditioning?

히터 좀 틀어주시겠어요?
Could you turn the heat up?

그쪽 창문 좀 올려주세요.
Please roll up your window.

좌회전해주세요.
Make a left.

저기 코너에서 우회전해주세요.
Turn right at the corner.

여기서 잠깐만 기다려주세요.
Please wait here a second.

ATM에서 잠깐만 세워주실래요?
Can you stop at an ATM for a minute?

여기서 세워주세요.
Stop here, please.

여기예요.
This is it.

다음 모퉁이에서 내려주세요.
Drop me off at the next corner.

그냥 여기서 세워주세요.
Just pull over here.

기본 요금이 얼마예요?
How much is the starting fare?

얼마예요?
What's the fare?
= How much is the fare?

얼마 드리면 되죠?
How much do I owe you?

제가 50달러짜리밖에 없네요.
All I have is fifty.

50달러 좀 잔돈으로 바꿔주실래요?
Can you break a fifty?

요금이 너무 많이 나왔잖아요.
You're overcharging me.

잔돈을 덜 주신 것 같은데요.
I think I got short-changed.

잔돈은 괜찮습니다[가지세요].
Keep the change.

잔돈은 왜 안 주세요?
Why aren't you giving me the change?

영수증 좀 주세요.
I need a receipt.

## 지하철 · 기차 타기

여기서 제일 가까운 전철역이 어디예요?
Where is the nearest subway station from here?

어디 가면 기차역을 찾을 수 있는지 아세요?
Do you know where I can find the train station?

기차로 거기 갈 수 있나요?
Can I go there by train?

어느 선이 시드니에 가나요?
Which train goes to Sydney?

노선표 좀 얻을 수 있을까요?
May I have a subway map?

● 여행영어 표현사전

표는 어디에서 사요?
Where can I buy a ticket?

매표소가 어디에요?
Where is the ticket office?

한 장이요.
One ticket, please.

시청까지 얼마예요?
How much is it to City Hall?

시청까지 한 장이요.
One ticket to City Hall, please.

성인 두 장 주세요.
Two adults, please.

표 남은 거 아직 있어요?
Are there seats still available?

편도 한 장이요.
A one-way ticket, please.

밴쿠버 행 왕복표 주세요.
A round-trip ticket to Vancouver, please.

표를 잘못 산 것 같은데, 바꿔주실 수 있어요?
I seem to have gotten the wrong ticket, could you exchange it?

다음 열차는 언제 출발하죠?
When does the next train leave?

시청까지 요금이 얼마예요?
What's the fare to City Hall?

1일 패스 살 수 있을까요?
Can I get a one-day pass?

시내에는 몇 호선이 가죠?
Which line goes downtown?

오페라 하우스에 가려면 몇 호선을 타야 하나요?
Which line should I take to the Opera House?

여기서 버밍엄 가는 열차가 얼마나 자주 있어요?
How often does the train run from here to Birmingham?

열차는 정시에 출발하나요?
Is the train on time?

열차가 언제 들어오죠?
When does the train come in?

도착 시간은 어떻게 되죠?
What's the arrival time?

직행인가요?
Is it direct?

중간에 정차를 하나요?
Is there a layover?

정차는 얼마 동안 하죠?
How long is the layover?

식당칸도 있어요?
Is there a dining car?

이거 시청 가는 기차 맞아요?
Is this the right train for City Hall?

어디에서 갈아타나요?
Where do I change trains?

어디서 갈아타야 돼요?
Where should I transfer?

다음 역에서요.
At the next stop.

몇 호선으로 갈아타죠?
Which line should I change to?

무슨 역에서 내리면 되죠?
Which stop should I get off at?

다음 역이 어디인지 좀 알려주실래요?
Can you tell me what the next station is, please?

안내방송이 나오나요?
Does the conductor announce the stops?

이 표에 적힌 객차 찾는 것 좀 도와주실래요?
Can you help me find the car listed on my ticket?

반대편에서 타셔야 합니다.
You should catch a train on the other side.

죄송하지만, 제 자리에 앉아 계신 것 같네요.
I'm sorry, but I think you're sitting in my seat.

여기 자리 있나요?
Is anyone sitting here?

이 자리 비었어요?
Is this seat taken?

여기 좀 앉아도 될까요?
Could I sit here?

다음 역은 시티 센트럴입니다.
Next stop is City Central.

내리실 문은 오른쪽[왼쪽]입니다.
The doors are on your right[left].

문에서 떨어져 서 주세요.
Please move away from the doors.

117

● 여행영어 표현사전

### 렌터카 타기

어디서 차를 렌트할 수 있죠?
Where can I rent a car?

제가 차를 렌트하고 싶은데요.
I'd like to rent a car.

2일간 차를 렌트하고 싶은데요.
I'd like to rent a car for two days.

예약돼 있어요.
I have a reservation.

3일 대여로 바꿀 수 있을까요?
Can I switch to the 3-day rental plan?

소형차가 좋은데요.
I'd like a compact car.

그 차는 에어컨이 되나요?
Does that car have air conditioning?

GPS 내비게이션이 있나요?
Do you offer GPS navigation?

한국어 서비스가 되는 내비게이션이 있나요?
Is there GPS navigation available in Korean language?

소리와 화면 모두 영어로 나옵니다.
All the sound guidance and display is in English.

블루투스로 제 휴대폰을 이 차에 어떻게 연결시키나요?
How do I connect my mobile phone to the car via Bluetooth?

하루 요금이 어떻게 되나요?
What's the daily rate?

더 저렴한 건 없나요?
Do you have anything cheaper?

이 차 주행거리가 얼마나 되나요?
How many miles/kilometers are on it now?

보험을 들어야 하나요?
Do I have to be insured?

보험료는 얼마인가요?
How much does insurance cost?

최소 보장 보험으로 들게요.
I'll take the minimum insurance coverage.

사고가 나면 어떻게 해야 하나요?
What should I do if I get in an accident?

이건 무슨 연료를 써요?
What kind of fuel does this take?

기름은 제가 넣겠습니다.
I'll put in the gas myself.

**이것만 알아도 돌아는 다닌다!**

차 반납할 때 기름을 가득 채워놔야 하나요?
Do I need to fill up the gas tank when I return in?

지도 좀 구할 수 있을까요?
Can I get a map?

다음 주유소가 어디 있어요?
Where's the next petrol[gas] station?

가장 가까운 슈퍼마켓 주유소가 어디죠?
Where is the nearest grocery gas station?

어떤 기름을 넣어야 하는지 잘 모르겠어요.
I don't know which gas I should pump in.

기름이 바닥났어요.
I've run out of gas.

5번 주유기입니다.
Number five, please.

기름을 가득 넣어주세요.
Please fill it up.

휘발유 가득 넣어주세요.
Please fill it up with gasoline.

30리터 넣어주세요.
I'd like 30 liters.

20달러치 넣어주세요.
20 dollars, please.

기계에서 신용카드가 안 나와요.
My credit card won't come out of the machine.

PIN 번호 입력이 안 돼요.
I can't put the PIN number in.

타이어 바람이 빠진 것 같은데 확인 좀 해주세요.
I think my tires are low. Please check them.

타이어가 펑크났어요.
I have a flat tire.

시동이 안 걸려요.
My car won't start.

차가 고장 났어요.
My car broke down.

언제쯤 다 될까요?
When will it be ready?

배터리가 나갔어요.
My battery is dead.

견인차가 필요해요.
I need a tow truck.

정지 신호를 못 봤어요.
I didn't see a stop sign.

여기에 주차해도 되나요?
Can I park here?

● 여행영어 표현사전

가까운 주차장이 어디죠?
Where is the nearest parking lot?

여기 주차하는데 얼마인가요?
How much does it cost to park here?

미리 요금을 내셔야 합니다.
You need to pay in advance.

출차 시 요금을 내시면 됩니다.
You can pay on your way out.

출구가 어디인가요?
Where is the exit?

여기는 3시간 까지만 주차하실 수 있습니다.
You may park here for maximum three hours.

여기 CCTV 있나요?
Are there any security cameras around here?

이것만 알아도 밥은 먹는다!

# Food

*I am not a great cook, I am not a great artist, but I love art, and I love food, so I am the perfect traveller.*

난 훌륭한 요리사도, 위대한 예술가도 아니야. 하지만 예술과 음식을 사랑해 그러므로 난 완벽한 여행자가 될 자격이 있는거야!
- Michael Palin

# 식당에서

식당에서 주문한 음식이 나왔는데 문제가 생겼다?!

**점원** Yes, sir. What can I do for you?
네, 손님. 무엇을 도와드릴까요?

**도윤** Well, I don't think this is what I ordered.
저기, 이거 제가 주문한 게 아닌 것 같은데요.

**점원** Oh, I'm very sorry.
I'll get your order right away.
어머, 죄송합니다. 바로 주문하신 음식을 가져다 드리도록 하겠습니다.

**도윤** What's it called by the way? It looks good.
그나저나 그거 이름이 뭐예요? 맛있어 보이네요.

**점원** It's called "Fish and chips."
It's very popular here in Australia.
'피쉬 앤 칩스'라고 하는 건데요. 여기 호주에서는 아주 인기 있는 거랍니다.

---

**식당 입구에서 우선 멈추세요!**
우리의 식당은 입구에서 빈 자리가 보이면 바로 가서 앉는 것이 보통이다. 하지만 해외에서는 조심해야 한다. 식당 입구에서 직원이 자리를 안내해줄 때까지 기다리는 것이 기본 매너이다. 아무리 배고파도 잠시만 참자!

제가 OO한 게 아닌 거 같은데요.　　　　　　　　**KEY EXPRESSION 1**

# Well, I don't think this is what I ordered.

이거 제가 주문한 게 아닌 것 같은데요. '내 생각에 ~인 것 같지 않다'라고 말하고 싶다면 'I don't think ~'를 먼저 떠올리자. 'I think ~ not'이 직선적이고 공격적으로 들릴 수 있는 반면 'I don't think ~'는 부드럽게 돌려서 하는 말이 된다.

① **I didn't order this.**
저 이거 주문 안 했는데요.

② **I don't think I ordered this.**
저 이거 주문한 것 같지 않은데요.

③ **I don't think this is what I'm supposed to have.**
이거 저한테 올 게 아닌 것 같은데요.


OO의 이름이 뭐예요?　　　　　　　　**KEY EXPRESSION 2**

# What's it called by the way?

그런데 그거 이름이 뭐예요? 외국에 나가면 생전 처음 보는 것들도 많고 궁금한 것도 많다. 그래서 종종 뭐라고 부르는지 이름이 묻고 싶어 지는데, 'What's it called?'가 바로 그때 쓸 수 있는 표현이다. 'by the way(그런데, 그나저나)'는 화제를 바꾸고 싶을 때 쓴다.

① **What's it called?** 그거는 뭐라고 불러요?
= **What do you call that?**

② **What's the name of the dish?** 그 요리 이름은 뭐예요?

123

### (음식이) ○○해 보여요.

KEY EXPRESSION 3

# It looks good.

맛있어 보이네요. 서양문화에서는 음식이 나왔을 때 바로 자신의 느낌을 얘기하는 것이 자연스럽다. 'It looks ~(~해 보인다)'로 음식을 본 자신의 감상을 전할 수 있다.

- ① It looks delicious. 맛있겠다.
    = It looks tasty.
    = It looks appetizing.
- ② It smells good. 냄새가 좋네요.
- ③ It tastes so good. 맛이 너무 좋아요.

---

- ① It looks awful. 맛없어 보여요.
- ② It smells bad. 냄새가 안 좋아요.
- ③ It tastes funny. 맛이 이상해요.
    = It doesn't taste right.
- ④ It doesn't look like the picture. 사진하고 다르네요.

---

음식에 대한 상대의 의견을 물을 수 있다.

- ① How is your steak? 스테이크 어때?
- ② How did you like your steak? 스테이크 어땠어요?

**TRAVEL WORDS**

### ● 주문할 때

주문 order
서버 server
아침식사 breakfast
점심식사 lunch
저녁식사 dinner
메뉴 menu
덜 익힌 rare
중간 정도로 익힌 medium
바싹 익힌 well-done
웨이터(남/여) waiter/waitress
요리사 chef
요리 dish
메인 요리 entrée[main dish]
전채요리 appetizer
디저트 dessert
추천 요리 recommended dish
오늘의 스페셜 special of the day

### ● 테이블에서

포크 fork
나이프 knife
숟가락 spoon
젓가락 chopsticks
냅킨 napkin
컵 cup
소금 salt

후추 pepper
설탕 sugar
드레싱 dressing
물 water
차 tea
커피 coffee
음료 drink[beverage]
포도주 wine

### ● 계산할 때

영수증 receipt
계산서 bill
요금 fee
지불 payment
선불 payment in advance
계산대 counter
계산원 cashier[register]
신용카드 credit card
현금 cash
동전 coin
지폐 bill[note]
수표 check[cheque]
거스름돈 change
팁 tip
남은 음식 leftovers
남은 음식을 싸 갈 봉지 doggie bag

**TRAVEL STORY 12**

## 패스트푸드 · 커피숍에서

여행자라면 한번쯤 경험해 봄직한 햄버거 주문하기. 나라면 더 잘할 수 있을까?

---

점원    Hi. Welcome to Mass Burger.
Can I take your order?
어서 오십시오. 매스 버거입니다. 주문 받아드릴까요?

도윤    Yeah, hi. I'll have the combo number 4 please,
with barbecue sauce. And what kind of drinks
do you have?
네, 4번 세트 주세요. 바비큐 소스하고요. 그리고 음료는 어떤 게 있나요?

점원    We have Coke, Sprite, Fanta, and orange juice.
콜라, 스프라이트, 환타, 그리고 오렌지 주스요.

도윤    A Coke without ice, please.
콜라 주세요. 얼음은 빼고요.

점원    Do you want that to go?
가져가실 건가요?

도윤    No, I'll eat it here.
여기서 먹을 거예요.

---

**패스트푸드에도 그 나라의 문화가 있다**

해외 여행 중 마땅한 식당을 찾기 어렵거나, 저렴하고 간단하게 끼니를 때우고 싶을 때 가장 많이 찾는 곳이 바로 M사, K사 등의 패스트푸드 점이다. 여기에는 그 나라에서만 맛볼 수 있는 고유의 메뉴가 있으니 한번쯤 시도해 보자. 현지인들의 입맛을 경험해 볼 수 있는 가장 좋은 방법 중 하나이다.

| 어떤 종류의 OO가 있나요? | KEY EXPRESSION 1 |

# What kind of drinks do you have?

**음료는 어떤 게 있나요?** 종류를 물을 때 꼭 알아야 할 표현으로 'What kind of ~?(어떤 종류의 ~?)'가 있다. 매장에서 어떤 종류의 음식이나 음료를 구비하고 있는지 물을 때는 '~ do you have?'라는 표현을 쓴다.

패스트푸드 매장에서 물을 수 있다.

**1** What do you have to drink?
음료는 어떤 게 있나요?

**2** What kind of salad dressings do you have?
샐러드 드레싱으로는 어떤 게 있어요?

**3** What kind of sauces do you have?
소스는 어떤 게 있어요?

바(bar)나 커피숍에서도 물을 수 있다.

**1** What kind of wines do you have?
와인은 어떤 종류가 있나요?

**2** What kind of beers do you have?
어떤 종류의 맥주 있어요?

**3** What kind of coffee beans do you use?
커피 원두는 어떤 종류를 쓰시나요?

### OO빼고 OO주세요.

**KEY EXPRESSION 2**

# A Coke without ice, please.

콜라 주세요, 얼음은 빼고요. 특별히 원하지 않는 것이 있을 때는 그것만 빼달라고 할 수 있는데, 이때 간단히 'without ~'을 쓰면 된다.

1. An orange pop without ice. 오렌지 환타요, 얼음은 빼고요.
2. Just water without ice, please. 얼음 빼고 그냥 물 주세요.
3. A small Coke, no ice. 콜라 작은 거, 얼음 빼고요.
   • without 대신 no만 써도 같은 의미가 된다.

### 여기서 먹을 겁니다.

**KEY EXPRESSION 3**

# No, I'll eat it here.

아니요, 여기서 먹을 거에요. 패스트푸드 매장에 가면 반드시 '포장이세요? 아니면 여기서 드실 거에요?'라는 질문을 받게 된다. 미리 준비해두자.

1. For here, please. 여기서 먹을 거에요.
   • 점원이 For here or to go?라고 묻기도 한다.
   = I'll eat it here.
2. To go, please. 가져갈 겁니다.
   = I need that to go, please.

# TRAVEL WORDS

## ● 패스트푸드 레스토랑

패스트푸드 레스토랑 fast-food restaurant
햄버거 hamburger
치즈버거 cheeseburger
세트 combo
핫도그 hotdog
감자튀김 (French) fries
피자 pizza
타코 taco
나쵸 nachos
머핀 muffin
도넛 doughnut
호밀빵 rye
피클 pickles
양파 onions
양상추 lettuce
샐러드바 salad bar
샐러드드레싱 salad dressing
케첩 ketchup
마요네즈 mayo(nnaise)
설탕 sugar
음료수 soda
아이스티 iced tea
밀크쉐이크 milk shake
빨대 straw
냅킨 napkin
쟁반 tray
계산대 counter
포장 take out

## ● 커피숍 · 술집

커피 coffee
크림 cream
설탕 sugar
계피 cinnamon
음료 받는 곳 pickup counter
리필 refill
계산서 bill
음료수 soft drinks
생맥주 draft beer
병맥주 bottled beer
하우스 와인 house wine
생수 bottled water
(가늘고 납작한) 커피용 빨대 coffee straw
(여러 개의 컵을 한꺼번에 들기 편하도록 하는) 캐리어 coffee carrier
(뜨거운 컵을 잡기 편하도록 하는) 슬리브 sleeve

## ● 여행영어 표현사전

### 식당에서 1: 자리에 앉기 전

오늘 저녁 7시에 예약하려고 하는데요.
I'd like to make a reservation for 7pm this evening.

8시에 2인석 예약하고 싶은데요.
I'd like to book a table for two at eight.

예약을 취소해야 할 것 같아서요.
I'm afraid I have to cancel our reservation.

(일행이) 몇 분이십니까?
How many in your party?

두 명 자리 주세요.
A table for two, please.

창가 쪽 자리 있나요?
Can we get a table near the window?

금연석으로 한 자리 주세요.
I'd like a nonsmoking table for one.

가능하면 흡연석에서 제일 먼 자리로 주세요.
Please seat me as far as possible from the smoking section.

두 명 자리는 얼마나 기다려야 하죠?
How long is the wait for two people?

죄송하지만, 이 테이블은 예약이 되어있습니다.
I'm sorry, but this table is reserved.

### 식당에서 2: 테이블에서

제 이름은 랜디입니다. 오늘 밤 여러분을 담당해 드릴 겁니다.
My name's Randy. I'll be your server tonight.

일행이 또 올 겁니다.
I'm expecting someone.

한 사람 더 기다리고 있는 거에요.
I'm waiting for someone.

음료를 먼저 준비해드릴까요?
Would you like something to drink first?

메뉴판 좀 주실래요?
Can I get a menu?

어린이 메뉴가 따로 있나요?
Do you have a kids menu?

혹시 아기 의자 있나요?
Do you have highchairs?

어린이용 수저나 포크 있나요?
Do you have children's cutlery?

뭐 드실래요?
What will it be?

지금 주문 받아드릴까요?
May I take your order now?

이것만 알아도 밥은 먹는다!

네, 주문할게요.
Yes, we're ready.

아뇨, 아직이요.
No, not yet.

주문하셨나요?
Have you been helped?

지금 주문해도 될까요?
Can I order now?

오늘의 특별요리는 뭐죠?
What's the special of the day?

오늘 뭐가 괜찮은가요?
What's good today?

점심 메뉴로는 뭐가 있어요?
What's for lunch?

추천해주고 싶으신 것 있으세요?
Do you have any recommendations?

스테이크는 어떻게 해드릴까요?
How would you like your steak?

바짝 구워주세요.
I'd like my steak well-done.

중간 정도로 익혀주세요.
I'd like my steak medium.

살짝만 익혀주세요.
I'd like my steak rare.

감자는 어떻게 해드릴까요?
What kind of potatoes would you like?

구운 감자 주세요.
I'd like a baked potato.

저는 해물스파게티 주세요.
I'd like the seafood spaghetti.

저는 카레 주세요.
I'll have the curry.

죄송합니다만, 그건 다 떨어졌습니다.
Sorry, we've run out of that.

그건 지금 제철이 아니라서요.
They are not in season now.

같은 걸로 주세요.
I'll have the same.

저 사람들이 먹는 걸로 주세요.
I'll have what they're having.

이건 어떤 요리인가요?
What kind of dish is this?

그건 뭐랑 같이 나오죠?
What comes with that?

● 여행영어 표현사전

매우면서 맛있는 거 있나요?
Do you have anything spicy and good?

이 음식에 어울리는 와인을 추천해 주실래요?
Could you recommend a good wine for this dish?

수프 드릴까요, 샐러드 드릴까요?
Soup or salad?

샐러드 드레싱은 어떤 게 있죠?
What kind of salad dressings do you have?

싸우전아일랜드, 허니머스타드, 이탈리안 드레싱이 있습니다.
We have Thousand Island, Honey Mustard and Italian dressings.

마요네즈는 빼주세요.
Hold the mayo, please.

여기에 견과류 들어가나요?
Does this have nuts in it?

제가 견과류 알러지가 있어서요.
I'm allergic to nuts.

좀 덜 짜게 해주시겠어요?
Could you make it less salty?

커피 한 잔 주세요.
I'll have a cup of coffee.

이건 얼마나 걸리나요?
How long does this take?

제가 주문한 음식이 얼마나 더 걸리나요?
How much longer will my order take?

저 주문한지 한참 됐는데요.
I already ordered mine ages ago.

## 식당 3: 식사 중

다 괜찮으십니까?
Is everything okay?

이거 맛있네요.
This is delicious.

쉐프님께 맛있었다고 전해주세요.
Please give my compliments to the chef.

뭐 더 필요한 것 있으십니까?
Is there anything I can get to you?

물 한 잔 갖다 주실래요?
Can you get me a glass of water?

마실 것 좀 주세요.
I'd like something to drink.

이것만 알아도 밥은 먹는다!

빵 좀 더 주시겠어요?
Can I get some more bread?

드레싱 좀 더 주실래요?
Can I have some more dressing?

소스는 따로 주세요.
Sauce on the side, please.

저기요.
Excuse me.

고기가 너무 질겨요.
This meat is too tough.

생선이 신선하지 않군요.
This fish isn't fresh.

이건 제가 주문한 게 아닌데요.
This is not what I ordered.

저 이거 못 먹겠어요.
I can't eat this.

이거 전혀 안 익었는데요.
This isn't cooked at all.

이거 다 탔잖아요.
This is burnt.

제 수프에 파리가 있는 것 같아요.
I think there's a fly in my soup.

컵이 더러워요.
This cup is not clean.

스푼을 떨어뜨렸는데요.
I dropped my spoon.

깨끗한 걸로 하나 갖다 주실래요?
Can you bring me a clean one?

손 씻을 데가 어디 있죠?
Where can I wash my hands?

물티슈 좀 있나요?
Can I get some wet tissue?

화장실 어디에요?
Where is the men's[ladies'] room?

화장실에 누구 있나요?
Is somebody in the restroom?

식사 다 하셨나요?
Are you finished?

아직요.
Not yet.

여기 접시 좀 치워주실래요?
Could you clear the table, please?

커피 리필 좀 해주세요.
Could I have my coffee refilled, please?

133

● 여행영어 표현사전

디저트 하시겠습니까?
Would you care for dessert?

디저트 좀 말씀 드려볼까요?
Can I interest you in some dessert?

디저트로 무엇을 드시겠습니까?
What would you like for dessert?

뭐가 있는데요?
What do you have?

수제 아이스크림이 맛있습니다.
The homemade ice cream is delicious.

그거 주세요.
I'll have that.

파이 한 조각 주세요.
I'd like a piece of pie.

아뇨, 괜찮습니다.
No, thank you.

이건 서비스로 드리는 겁니다.
This is on the house.

이거 좀 포장해 주실래요?
I want to take this away, please.

남은 것 좀 싸가게 봉투 좀 주실래요?
Can I have a doggie bag?

남은 것 좀 싸주실래요?
Can I get it in a container for the leftovers?

감사합니다. 정말 맛있었어요.
Thank you. I really enjoyed the meal.

### 식당 4: 계산

계산서 좀 갖다 주세요.
I'd like the bill, please.

계산서요.
Check, please.

계산은 여기서 해요, 아니면 계산대로 가서 해요?
Do I pay here or at the counter?

전부 같이 계산해 주세요.
All together.

전부 해서 얼마죠?
What's the total?

18.95달러 나왔습니다.
That'll be $18.95.

신용카드 되나요?
Do you take credit cards?

이것만 알아도 밥은 먹는다!

제 신용카드로 해주세요.
I'll put it on my credit card.

영수증 주시겠어요?
May I have a receipt, please?

착오가 좀 있는 것 같은데요.
There seems to be a mistake.

제게 잔돈을 덜 주신 것 같은데요.
I think I got short-changed.

## 패스트푸드

주문하시겠습니까?
May I take your order?

뭐 드시겠습니까?
What would you like?

도와드릴까요?
May I help you?

3번 주세요.
I'll have number three, please.

햄버거 하나랑 감자튀김이요.
I'd like a burger and fries.

감자튀김 하나 주세요.
I'll take an order of fries, please.

샐러드랑 아이스티요.
I'll have a salad and an iced tea, please.

같이 드실 음료는요?
Can I get you something to drink with that?

음료는 뭘 드릴까요?
What would you like to drink?

음료는 어떤 게 있어요?
What kind of drinks do you have?

사이즈는요?
What size?

스몰, 미디엄, 아니면 라지요?
Small, medium, or large?

소다 작은 거요.
I'll have a small soda.

얼음 넣지 마세요.
No ice, please.

케첩 뿌리지 마세요.
No ketchup.

머스터드 많이 넣어주세요.
With lots of mustard.

135

## ● 여행영어 표현사전

제 햄버거에 양파는 빼주실래요?
Can I get the burger without onions, please?

소금 좀 주세요.
I need some salt.

냅킨은 어디 있어요?
Where are the napkins?

냅킨 좀 주실래요?
Can I have some napkins?

빨대 어디 있어요?
Where are the straws?

여기서 드실 거에요, 아니면 포장이세요?
Fore here or to go?

포장해주세요.
To go, please.

여기서 먹을 거에요.
For here, please.

여기 있습니다.
Here you go.

햄버거가 다 식었어요.
This burger is cold.

프렌치 프라이가 너무 기름져요.
These fries are too greasy.

고기가 덜 익었는데요.
The meat is still pink.

주문하신 거 여기 나왔습니다.
Here is your order.

이거 제가 주문한 거 아닌데요.
This isn't what I ordered.

거스름돈 여기 있습니다.
Here is your change.

### 카페 · 바

주문하시겠습니까?
Can I take your order?

뭐 드릴까요?
What can I get you?

커피 주세요.
I'd like some coffee, please.

커피요. 크림 넣어서.
Coffee with cream, please.

크림이랑 설탕 다 넣어서요.
With cream and sugar, please.

크림 얹은 아이스라떼 한 잔이요.
I'll have an iced latte with foam.

이것만 알아도 밥은 먹는다!

컵 사이즈는요?
What size cups?

미디엄은 크기가 얼마나 큰가요?
How big is your medium?

커피 테이크 아웃으로 하나요.
I'd like a cup of coffee to go.

카푸치노 라지 사이즈로 하나 주세요.
I'll have a large cappuccino.

에스프레소 한 잔이요.
I'd like an espresso.

라떼 한 잔 주세요.
I want a latte.

차 한 잔 주세요.
I'd like a cup of tea.

도넛 하나 주세요.
I'd like a donut, please.

양파 베이글 하나 주세요.
I'd like an onion bagel, please.

여기서 먹을 거에요.
It's for here.

자릿세를 따로 내야 하나요?
Do I have to pay the cover charge?

어떤 종류의 맥주가 있죠?
What kind of beer do you have?

어떤 술로 하시겠습니까?
What do you want to drink?

맥주 하나 주세요.
I'll have a beer.

밀러로 주세요.
Give me some Miller.

맥주 피처 하나요.
I'd like a pitcher of beer.

하나 더 주세요.
Give me another.

그냥 드릴까요, 아니면 얼음 띄워 드릴까요?
Straight up or on the rocks?

얼음 띄워서 주세요.
I'll have it on the rocks.

6달러입니다.
That'll be $6.

내가 쏘는 거야.
It's on me.

건배!
Cheers!

원샷!
Bottoms up!

위하여!
Here's to us!

## ● 여행영어 표현사전

### 슈퍼마켓

캔에 든 피클은 어느 통로에 있어요?
What aisle are the canned pickles on?

냉동식품은 어느 통로에 있죠?
In what aisle is the frozen food?

우유 어디 있어요?
Where is the milk?

죄송하지만 그건 다 떨어졌네요.
I'm afraid that item is out of stock.

종이봉투에 드릴까요, 아니면 비닐봉투에 드릴까요?
Paper or plastic?

비닐봉투 주세요.
I'd like plastic bags.

토마토 있으니까 조심해주세요.
Please don't squeeze the tomatoes.

쿠폰이 몇 개 있는데요. 이 쿠폰 기한이 지나지 않았나요?
I have some coupons. Hasn't this coupon expired?

20달러짜리를 잔돈으로 좀 바꿔주실래요?
Can I have change for a twenty?

이것만 알아도 물건은 산다!

# Shopping

*If you reject the food, ignore the customs and avoid the people, you might better stay at home.*

만약 당신이 음식을 거절하고, 관습을 무시하고, 사람들을 피할거라면,
차라리 집에 머무는 편이 낫다.
- James Michener

**TRAVEL STORY 13**

## 구매 · 흥정하기

여행의 묘미 중 하나인 쇼핑! 원하는 물건을 실수 없이 사려면?

---

도윤    Hi. I'm looking for a T-shirt.
안녕하세요. 저 티셔츠를 찾는데요.

점원    Ok. How about this one?
네, 이건 어떠세요?

도윤    Oh, I like the design.
But I'm not sure about the color.
아, 디자인은 마음에 드네요. 그런데 색상은 잘 모르겠어요.

점원    They come in white and black.
Will a white one do?
색상은 흰색, 검은 색으로 나오는데요. 흰색 괜찮으세요?

도윤    Yes. I prefer white. Can I try it on?
네, 흰색 좋아요. 한번 입어봐도 될까요?

점원    Sure. This way, please.
그럼요. 이쪽으로 오세요.

---

**비닐봉투(Plastic Bags) 예찬론**

쇼핑할 때마다 생기는 비닐봉투 혹은 호텔 객실에 마련된 세탁봉투(Laundry Bags)는 잘 모아두면 여행 중에 요긴하게 쓸 데가 많다. 집으로 가져갈 빨랫감을 담을 수도 있고, 목욕용품과 같이 젖은 물건을 담을 때에도 굉장히 유용하게 쓰인다.

**저 OO을 찾는데요.**  KEY EXPRESSION **1**

# I'm looking for a T-shirt.

저 티셔츠를 찾는데요. 매장에서 자신이 보고자 하는 혹은 사고자 하는 것을 말할 때 'I'm looking for ~'라는 표현을 쓴다. 이 경우 '찾다'라는 의미의 find를 대신 쓸 수는 없으니 주의해야 한다.

---

관심 있는 물건이 있을 때 이렇게 말할 수 있다.

- **1** I'm looking for a sweater. 스웨터를 찾는데요.
- **2** I'm looking for a pair of shoes. 저 신발 좀 보려고 하는데요.
- **3** I'm looking for something for my parents.
  부모님께 드릴 것 좀 찾는데요.
  • 품목을 결정하지 못했을 때에는 'something for~(~을 위한 것)'이라는 표현으로 목적을 말해 도움을 얻어도 좋다.
- **4** I'm looking for something for me. 제 걸로 좀 보려고 하는데요.
- **5** I need some jeans. 청바지 좀 찾는데요.
  • need를 사용해 자신이 필요로 하는 것을 얘기할 수 있다.

---

매장에 들어서면 점원이 May I help you? 등으로 물어온다. 이때 그냥 구경만 하는 거라면 이렇게 말할 수 있다.

- **1** Just looking. 그냥 구경하는 거에요.
- **2** I'm just browsing. 그냥 좀 보는 거예요.
- **3** I'm just looking, thank you. 그냥 둘러보는 거예요, 고맙습니다.

○○은 잘 모르겠어요.　　　　　　　　　　　　　　**KEY EXPRESSION 2**

# But I'm not sure about the color.

그런데 색상은 글쎄 잘 모르겠어요.　어떤 것에 대해 확신이 서지 않거나, 마음에 들지 않을 때 'I'm not sure ~(~은 잘 모르겠어요)'라는 표현을 쓸 수 있다.

---

확신이 잘 서지 않을 때 말할 수 있다.

1. I'm not sure about the print.　무늬는 잘 모르겠네요.
2. I'm not sure about the design.　디자인은 글쎄 잘 모르겠어요.
3. I'm not sure which I like.　뭐가 마음에 드는지 모르겠어요.


○○이 더 좋아요.　　　　　　　　　　　　　　**KEY EXPRESSION 3**

# I prefer white.

흰색 좋아요.　prefer라는 동사에는 '~보다 더'라는 의미가 들어 있다. 여기에서도 점원이 말한 여러 색상 중 다른 것보다 흰색이 더 좋다라는 의미가 된다.

---

더 선호하는 것에 대해 말할 수 있다.

1. I prefer pink.　전 핑크색이 좋아요.
2. I prefer that one.　저는 저게 마음에 드네요.
3. I prefer the black one.　그 검정색이 더 마음에 드네요.

**TRAVEL WORDS**

### ● 쇼핑 장소

백화점 department store
면세점 duty free shop
벼룩시장 flea market
선물 가게 gift shop
기념품 가게 souvenir shop
골동품 가게 antique shop
슈퍼마켓 supermarket
편의점 convenience store
전자제품 매장 electronics store
식료품점 grocery store
주류점 liquor store
문구점 stationery store
할인매장 discount store
쇼핑몰 shopping mall

### ● 다양한 쇼핑 품목

면세 tax[duty] free
카트 shopping cart[trolley]
바구니 basket
화장품 cosmetics
향수 perfume
스포츠 용품점 sporting goods
가방 bag
시계 watch
액세서리 accessory
카메라 camera

청바지 jeans
반바지 shorts
치마 skirt
원피스 dress
(깃/칼라 있는) 티셔츠 polo shirt
가디건 cardigan
외투 overcoat
속옷 underclothes

### ● 색상

검은색 black
흰색 white
회색 grey[gray]
하늘색 sky[light] blue
파란색 blue
남색 navy[dark blue]
분홍색 pink
빨간색 red
주황색 orange
노란색 yellow
갈색 brown
연두색 light green
초록색 green
은색 silver
금색 gold
보라색 purple[violet]

**TRAVEL STORY 14**

# 교환·환불하기

우리말로도 다소 껄끄러운 상황. 교환 혹은 환불하기. 그럴수록 더 당당하게 요구하자.

---

도윤　**Excuse me. Can I exchange this for another one?**
　　　실례합니다. 이거 다른 걸로 좀 바꿀 수 있을까요?

점원　**Did you pay in cash, or by credit card?**
　　　**Do you have a receipt?**
　　　결제는 현금으로 하셨나요, 신용카드로 하셨나요? 그리고 영수증 있으세요?

도윤　**I paid in cash. Here's the receipt.**
　　　현금으로 계산했어요. 영수증 여기요.

점원　**May I ask what the problem is?**
　　　뭐가 마음에 안 드셨는지 여쭤봐도 될까요?

도윤　**It's a little too tight for me.**
　　　저한테 좀 꽉 끼어서요.

점원　**Oh, ok. Follow me, please.**
　　　아, 네. 저 따라 오세요.

---

### 사이즈가 그때그때 달라요!

의류나 신발을 쇼핑할 때에는 나라마다 사용하는 사이즈 표기법이 다르므로 주의해야 한다.

|  | 의류 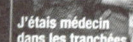 | | | | | 신발  | | | | |
|---|---|---|---|---|---|---|---|---|---|---|
| 한국 | 44(85) | 55(90) | 66(95) | 77(100) | 88(105) | 240 | 245 | 250 | 255 | 260 | 265 |
| 유럽 | 36 | 38-40 | 42-44 | 46-48 | 48-50 | 38 | 38½ | 39 | 39½ | 40 | 40½ |
| 미국 | 2 | 4-6 | 8-10 | 12-14 | 16-18 | 7 | 7½ | 8 | 8½ | 9 | 9½ |

**교환되나요?**

KEY EXPRESSION **1**

# Can I exchange this for another one?

이것을 다른 걸로 좀 바꿀 수 있을까요? 물건을 교환하고자 할 때 'Can I exchange ~?(~ 교환되나요?)'라는 표현을 쓴다. 이때 뒤에 'for ~'를 붙여 어떤 걸로 바꾸고 싶은지를 얘기한다.

1. Can I exchange this for another size?
   이거 다른 사이즈로 바꿀 수 있나요?

2. Can I exchange this for a different color?
   이거 다른 색상으로 교환되나요?

3. I'd like to exchange this for a new one.
   이거 새것으로 교환하고 싶습니다.
   • I'd like ~로 공손하게 부탁할 수도 있다.

**OO로 계산했어요.**

KEY EXPRESSION **2**

# I paid in cash.

현금으로 계산했어요. pay(지불하다) 혹은 paid(지불했다)를 써서 결제 방법을 얘기할 수 있다.

1. I paid in cash yesterday. 어제 현금으로 결제했어요.

2. I paid by credit card [check]. 카드[수표]로 결제했는데요.

3. I paid in installments. 할부로 계산했는데요.
   • in installments는 몇 개월에 걸쳐 나눠내는 할부 서비스를 말한다.

(옷이) ○○해요.  KEY EXPRESSION 3

# It's a little too tight for me.

저한테 좀 꽉 끼어서요. 교환 이유를 얘기하는 방법은 다양하다. 여기서는 옷의 사이즈가 작아 몸에 꽉 낀다는 의미로 'It's tight'을 쓰고 있다.

---

사이즈 때문에 바꾸고 싶을 때 이렇게 말할 수 있다.

1. It's too small for me. 저한테 너무 꽉 끼어서요.
   = It's a little too tight.
2. It's too loose for me. 저한테 너무 헐렁해서요.
3. They're a little loose around the waist.
   (바지) 허리가 너무 헐렁해서요.
4. They're tight in the hips. 골반 부분이 작아요.
5. It's tight under the arms. 팔 안쪽이 꽉 끼어요.

---

길이 때문에 바꾸고 싶을 때는 이렇게 말한다.

1. It isn't long enough. 길이가 좀 짧아서요.
2. The sleeves are too short. 소매가 너무 짧아서요.
3. The sleeves are too long. 소매가 너무 길어요.
4. I want something longer. 더 긴 걸 원해요.

## TRAVEL WORDS

### ● 교환 및 환불

교환 exchange
환불 refund
영수증 receipt
정찰가 fixed price
재고정리 세일 clearance sale
영업 시간 business hours
보증서 warranty
주문 order
배달 deliver
포장 wrap
선물 포장하다 gift-wrap
정책 policy

### ● 교환 및 환불 이유

결함 defect
문제 problem
사이즈 size
색상 color
구멍 hole
지퍼 zipper
고장 broken
기장 length
품[폭] width
곰팡이 moldy

### ● 계산 방법

지불 payment
신용카드 credit card
현금 cash
수표 check[cheque]
쿠폰 coupon
교환권 store credit
상품권 gift certificate

## ● 여행영어 표현사전

### 쇼핑 전

언제 문 여세요?
When do you open?

영업시간이 어떻게 돼요?
What are your business hours?

주말에도 문 열어요?
Are you open on weekends?

일요일에도 문 여세요?
Are you open on Sundays?

6시 이후에도 문 열어요?
Are you open after 6?

곧 세일기간인가요?
Is it going on sale soon?

전자제품 코너는 어디예요?
Where is the electronics department?

여성복은 어디 있나요?
Where can I find women's clothing?

화장품 코너가 어디 있는지 좀 알려주실래요?
Can you tell me where the cosmetics department is?

신발 코너는 어디인가요?
Where is the shoe department?

### 쇼핑 중

좀 도와드릴까요?
May I help you?

괜찮아요. 그냥 보는 거예요.
No, thank you. I'm just looking.

그냥 구경하는 거예요.
Just browsing.

나중에 부탁드릴 게 있으면요.
I might need your help later.

천천히 구경하세요.
Take your time.

쇼윈도우에 있는 가방 좀 보여주실래요?
Could you show me the bag in the window?

특별히 뭐 찾으시는 거라도 있으세요?
Are you looking for anything in particular?

선물할 거요.
It's a gift.

부인한테 선물할 걸 보려고 하는데요.
I'm looking for something for my wife.

장갑 좀 보려고 하는데요.
I need a pair of gloves.

지금 세일하나요?
Is there a sale on now?

이것만 알아도 물건은 산다!

실례합니다. 여기 직원이신가요?
Excuse me, do you work here?

광고 보니까 원피스 세일한다고 하던데요.
Your ad showed some dresses on sale.

그게 어디 있는지 좀 알려주실래요?
Could you tell me where they are?

죄송합니다만, 그건 다 나갔어요.
I'm sorry, but we've run out of those.

그렇지만 정말 괜찮은 게 있어요.
We have some very nice ones though.

그거 이번 주에 세일 중이에요.
That's on sale this week.

사이즈는 무엇으로 드릴까요?
What size do you need?

이 블라우스 사이즈 14로 있어요?
Do you have this blouse in a size 14?

38사이즈 주세요.
I need a size 38.

미디엄 사이즈 입어요.
I wear a medium.

제 사이즈를 잘 모르겠어요.
I don't know my size.

이거 좀 작은 거 있어요?
Do you have this in a smaller size?

이게 더 큰 치수로도 있으면 좋을 텐데.
I wish you had this in a bigger size.

그 상품은 다 팔렸어요.
We're sold out of that item.

이 검은색 장갑 더 없나요?
Do you have another pair of these black gloves?

여기 나와 있는 것이 전부입니다.
Whatever's out is what we have.

색상은 이것 밖에 없나요?
Are these the only colors you have?

이거 파란색으로 있어요?
Do you have this in blue?

그 색상으로는 없네요.
We don't have it in that color.

어떤 스타일의 신발 찾으세요?
What style of shoes are you looking for?

어떤 사이즈를 찾으세요?
What size are you looking for?

저 10사이즈 신어요.
I wear a size 10.

발 양 옆이 꽉 껴요.
They're too tight on the sides.

## ● 여행영어 표현사전

발등이 아파요.
They hurt the tops of my feet.

발가락 앞이 꽉 끼어요.
My toes are cramped at the front.

(제 발에) 너무 크네요.
They're too big (for my feet).

딱 좋아요.
They're just right.

(제 발에) 편하게 맞지 않네요.
They don't feel comfortable (on my feet).

이거 입어 봐도 돼요?
Can I try this on?

이거 입어 볼게요.
I'd like to try this on.

탈의실이 어디죠?
Where is the fitting room?

옷은 저쪽에서 갈아입으시면 돼요.
The dressing room is over there.

몇 개나 입어 볼 수 있나요?
How many things can I try on?

어느 게 더 마음에 드세요?
Which do you prefer?

뭐가 좋은지 잘 모르겠어요.
I'm not sure which one I like.

결정을 못 하겠어요.
I just can't make up my mind.

잘 어울리시네요.
That looks nice on you.

색상이 정말 잘 어울리세요.
That's your color.

너무 꽉 끼어요.
It's too tight.

너무 헐렁해요.
It's too loose.

허리 부분이 너무 크네요.
This is too loose around the waist.

가슴 부분이 너무 조여요.
This is too tight around the chest.

재킷 팔 안쪽이 꽉 끼어요.
The jacket is tight under the arms.

전 어깨 부분이 더 넉넉했으면 좋겠어요.
I want more room around the shoulders.

아니, 이건 안 되겠어요.
No, this won't work.

소매가 너무 길어요.
The sleeves are too long.

색상이 별로 마음에 안 드네요.
I don't like the color.

이것만 알아도 물건은 산다!

저는 그 스타일이 별로네요.
I don't really like the style.

좀 더 둘러봐야겠어요.
I'll have to keep looking for what I want.

제가 찾던 게 아니네요.
It's not exactly what I was looking for.

이건 뭐 하는 거예요?
What's this for?

이 버튼은 무슨 용도죠?
What's this button for?

이거 110볼트예요, 아니면 220볼트예요?
Does this take 110 or 220?

이게 최신형인가요?
Is this your latest model?

가장 잘 팔리는 모델이 뭐예요?
What's your most popular model?

다른 모델 있어요?
Do you have any other models?

다른 색상으로 좀 보여주실래요?
Could you show me another color?

다른 것 좀 보여주세요.
Please show me another one.

이걸로 할게요.
I'll take this.

이거 두 개 살게요.
I'll buy these two.

이걸로 10개 주세요.
I'll take ten of these.

이거면 되겠네요.
This one will do.

이거 각각 한 개씩 주세요.
I'll take one of each.

얼마예요?
How much does it cost?

계산대가 어디죠?
Where's the check-out counter?

계산은 어떻게 하시겠습니까?
How would you like to pay?

현금이세요, 카드세요?
Will that be cash or credit card?

카드로 할게요.
Credit card, please.

그건 하나에 15달러씩입니다.
Those are $15 a piece.

잔돈이 없어요.
I don't have any change.

50달러짜리를 잔돈으로 좀 바꾸어 주실래요?
Could you break a fifty?

151

## ● 여행영어 표현사전

좀 싸게 해주실 수 있어요?
Can you make it a little cheaper?

이거 가격 좀 깎아주세요.
Can you give me a discount on this?

한꺼번에 많이 사면 좀 싼가요?
If I buy in bulk, are they cheaper?

현금으로 계산하면, 좀 더 깎아주실 수 있어요?
If I pay in cash, would you give me a better deal?

얼마나 싸게 해주실 수 있으세요?
How low can you go?

제일 잘 쳐주시면 얼마예요?
What's your best price?

가격이 좀 세네요.
It's a little pricey.

그렇게 많이는 지불할 수 없어요.
I can't pay that much.

(가격 흥정 후에) 값이 얼마죠?
How much do I owe you?

전부 합산하면 얼마예요?
What's the total?

너무 비싸요.
That's too expensive.

25달러 드릴게요. 더 이상은 안 돼요!
I'll give $25. No more!

이렇게 하죠. 40달러로 깎아주시면 살게요.
I'll tell you what. I'll take it if you cut the price to 40 dollars.

지금 저한테 바가지 씌우려는 거예요?
Are you trying to rip me off?

순전히 바가지군요.
That is a rip off.

이 제품 가격을 더 매기셨네요.
You overcharged me for this item.

거스름돈을 덜 주신 것 같아요.
I think I got short-changed.

면세가격으로 살 수 있나요?
Can I get it tax free?

무료 샘플도 가져가세요.
Take a free sample.

이건 그냥 드리는 거예요.
This is free of charge.

서비스로 드리는 겁니다.
It's on the house.

하나 사시면 하나를 더 드려요.
Buy one and get one free.

배달도 되나요?
Do you deliver?

해외배송도 되나요?
Do you ship overseas?

제가 그 짐 좀 들어드릴까요?
Would you like me to help you with that package?

여기 공중화장실 있나요?
Is there a public restroom here?

그거 선물포장 해주실 수 있어요?
Can I get it gift wrapped?

쇼핑백 하나 더 주실 수 있나요?
Can I get one more paper bag?

포장 코너는 어디예요?
Where is the gift-wrap counter?

## 택스 프리(Tax Free)

세금 환급 서류 받으려면 어떻게 하면 되나요?
How do I get a tax refund form?

세금 환급 서류는 어디에서 받나요?
Where can I get a tax refund form?

영수증 보여주시겠습니까?
Can I see your receipt, please?

여기 있습니다.
Here you are.

이 서류를 작성하시면 됩니다.
Just fill out this form.

## 쇼핑 후

반품하는 데가 어디예요?
Where can I make a return?

이거 새것으로 교환할 수 있을까요?
Can I exchange this for a new one?

이거 다른 걸로 바꿔도 돼요?
Can I exchange this for another one?

이거 작은 사이즈로 교환할 수 있을까요?
Could you exchange this for a smaller one?

환불 받을 수 있을까요?
Can I get a refund?

방금 샀는데 제대로 작동을 안 해요.
I just bought this and it doesn't work right.

환불해 주세요.
I'd like a refund.

이거 호텔로 가져가서 해보니까, 작동을 안 하더라고요.
When I got this to my hotel, it wouldn't play.

영수증 여기요.
Here is my receipt.

현금으로 계산했어요.
I paid in cash.

이것만 알아도 관광은 한다!

# Sightseeing

*Make voyages. Attempt them.
There's nothing else.*

여행을 떠나라. 여행을 준비하라. 그 외에 달리 할 일이 무엇이 있겠는가!
- Tennessee Williams

## 관광정보 수집 · 문의하기

아는 만큼 보고 즐길 수 있음을 명심하고 늘 적극적인 자세로 여행하자.

---

도윤    **What is this line for? Anything interesting?**
이게 무슨 줄인가요? 무슨 재미난 일이라도 있나요?

여자    **Yeah. I'm getting a ticket for the Picasso Exhibition.**
네, 피카소 전시회 티켓 사려고요.

도윤    **Oh, yeah? What's the admission fee?**
아, 그래요? 입장료가 얼만가요?

여자    **It's $15 for adults.**
성인은 15달러에요.

도윤    **I see. Do you think I can get a student discount?**
네, 제가 학생 할인을 받을 수 있을까요?

여자    **I think so, if you have an international student card.**
그럴걸요. 국제 학생증만 가지고 계시다면요.

---

**일찍 서두르는 여행자가 혜택을 받는다!**

유명한 박물관이나 관광명소는 표를 사거나, 입장을 하는 데에도 길게 줄을 서야 하는 경우가 많다. 특히 주말이나 정기적으로 무료입장하는 날에는 현지 인들로도 넘쳐나니 미리 인터넷이나 전화 예약을 해두거나 사람들이 적은 오전 시간을 이용하는 것이 좋다.

## 이거 무슨 줄이에요?

**KEY EXPRESSION 1**

# What is this line for?

**이게 무슨 줄인가요?** 사람들이 길게 늘어선 줄이 있다면 이렇게 물어볼 수 있지 않을까? 영어로는 이렇게 말해보자. What is this line for?

**1** What is this line for, sir?
아저씨, 이거 무슨 줄이에요?

= What are you in line for?

• Are you in line?(지금 줄 서신 거예요?)도 함께 알아두면 좋은 표현이다.

**2** What's going on? 무슨 일이에요?


## 입장료가 얼마예요?

**KEY EXPRESSION 2**

# What's the admission fee?

**입장료가 얼마인가요?** 전시회 등 돈을 내고 입장하는 장소에서 그 요금을 묻는 표현이다.

**1** What is the admission fee?
입장료 얼마예요?

= How much is the entrance fee?

**2** How much is it to get in?
들어가는 데 얼마예요?

= How much does it cost to get in?

**저 OO받을 수 있나요?**

KEY EXPRESSION 3

# Do you think I can get a student discount?

제가 학생 할인을 받을 수 있을까요? 'Do you think ~?'는 상대방의 의견을 물을 때 많이 쓰는 표현이다. 상대가 매표소 직원이 아니라면 직접적으로 Can I get a student discount?(저 학생할인 받을 수 있어요?)라고 묻기보다는 넌지시 상대의 의견을 묻는 것이 좋겠다.

---

매표에 관련해서 물을 수 있다.

**1** Can I get a student discount?
저 학생 할인 받을 수 있어요?
- 매표소 직원 등 잘 알고 있는 사람에게는 바로 이렇게 물어도 된다.

**2** Do you think I can get a free ticket?
제가 무료티켓을 받을 수 있을까요?

---

다른 정보에 대해 물을 수 있다.

**1** Do you think they are open on Sundays as well?
거기 일요일에도 문을 열까요?

**2** Do you think they have free brochures?
무료 브로셔가 있을까요?

**3** Do you think we can take photos in here?
이 안에서 사진을 찍어도 될까?
= Can I take pictures in here?

## TRAVEL WORDS

● 관광 정보

매표소 ticket office
표 ticket
입장권 admission[entrance] fee
개장 시간 opening hour
폐장 시간 closing hour
영업중 Open
영업 시간 business hours
휴무 Closed
할인 discount
단체 할인 group discount
팜플렛 brochure
추천 recommendation
성인 adult
화장실 restroom[bathroom]
신사용 Men
숙녀용 Women
입구 entrance
출구 exit

● 관광지 표지판

이쪽으로 This Way
머리 조심 Watch Your Head
정숙 Quiet Please
금연 No Smoking
금연구역 Non-Smoking Area
올라가지 마시오 Do Not Climb
만지지 마시오 Do Not Touch
들어가지 마시오 No Entry
나가는 길 Way Out
스케치 금지 No Sketch
실내 촬영 금지 No Pictures Inside
사진 촬영 금지
No Pictures[Photography, Cameras]
비디오 촬영 금지 No Recording
플래시 금지 No Flash
삼각대 사용 금지 No Tripods Allowed
관계자 외 출입금지
Authorized Personnel Only
애완동물 반입금지 No Pets Allowed

## 관광시설 예약하기

현지에서 전화로 예약할 일이 생긴다면 이렇게 해보자.

도윤: Hello. I'd like to reserve a ticket. Are there any seats left in the middle?
여보세요. 티켓 한 장 예매하고 싶은데요. 가운데 자리 남은 거 있나요?

직원: Sorry, we only have seats in the front and at the back.
죄송하지만, 앞쪽과 뒤쪽 좌석밖에 없습니다.

도윤: The front row sounds good. How much are tickets?
앞줄이 좋을 것 같네요. 표는 얼마죠?

직원: That will be $45.
45달러입니다.

도윤: Okay. Just a second. I have to get my credit card out.
네, 잠시만요. 신용카드 좀 꺼내고요.

### 영화에도 급이 있다!
외국영화의 등급표시를 잘 알아두고 참고하자.

- Rated G: 전 관객 관람 가능
- Rated R: 17세 이하의 경우 보호자와 동반
- Rated PG: 부모의 지도 요망
- Rated NC-17: 17세 이하 관람불가
- Rated PG-13: 13세 이하 어린이에게는 부적합

## OO에 남은 자리 있어요?

KEY EXPRESSION **1**

# Are there any seats left in the middle?

**가운데 자리 남은 거 있나요?** 'Are/Is there ~?(~이 있나요?)'는 표를 예매할 때 많이 쓰는 표현이다. 'in the middle(가운데에)'이라는 의미로 구체적인 좌석의 위치를 설명할 수도 있다.

---

표를 예매할 때 원하는 좌석을 물어볼 수 있다.

**1** Are there any seats left in the middle?
가운데에 남은 좌석이 있나요?

= Do you have any seats left in the middle?
• Do you have ~? 역시 '~이 있나요?'라는 의미로 쓸 수 있다.

**2** Are there any seats left in the front?
앞쪽에 자리 남은 거 있어요?
• in[at] the front는 위치상 앞 부분을 의미한다.

**3** Do you have two seats at the back?
뒤쪽에 좌석 두 개 있어요?
• at the back은 '뒤에'라는 의미를 갖는다.

**4** Do you have any seats left in the center?
정 중앙에 좌석 남은 거 있어요?
• in the center는 사방으로부터 한가운데를 의미한다.

○○이 좋겠어요.

**KEY EXPRESSION 2**

# The front row sounds good.

앞줄이 좋을 것 같네요. '~sounds good'은 직역하면 '~은 좋게 들리네요'라는 표현으로, 자신의 느낌이나 의견을 말할 때 쓸 수 있다. 상대가 얘기한 내용에 대해 기꺼이 동의하는 느낌을 주기도 한다.

---

자신이 원하는 것에 대해 말할 수 있다.

- **1** That sounds very good. 그거 아주 좋겠네요.
- **2** The front row sounds good. 앞줄이 좋겠네요.
- **3** The back row sounds better. 뒷줄이 더 좋겠어요.

---

잠깐만요.

**KEY EXPRESSION 3**

# Just a second.

잠시만요. 잠깐 시간을 벌고자 할 때 사용할 수 있는, 짧지만 굉장히 유용한 표현이다.

---

잠깐만 기다려 달라고 할 때 말할 수 있다.

- **1** Just a sec. 잠깐만요.
  = Just a moment.
- **2** Wait a second. 잠시만 기다려주세요.
  = Wait a minute.

# TRAVEL WORDS

● 예약할 때

매표소 ticket office
상영시간 show time
예약 reservation
매진 sold out
성인 adult
학생 student
어린이 child
지정석 reserved seat
비지정석 non-reserved seat
특별석 special seat
입석 standing seat
화면 screen
앞줄 front row
뒷줄 back row

● 영화

극장 movie theater
대사 lines
자막 subtitle
줄거리 plot
예고편 previews
엔딩크레딧 ending credits
휴게실 lounge
매점 snack bar
팝콘 popcorns
음료수 soda
액션 action
애니메이션 animated film
로맨틱 코미디 romantic comedy
외국 영화 foreign film
공포 영화 horror
극장 내 안내원 usher

● 공연장

뮤지컬 musical
주연배우 main actor[actress]
청중 audience
콘서트 concert
콘서트 장 concert hall
매표소 box office
무대 stage
막간 휴식 intermission
앙코르 encore
개막 공연 opening show

## 관광시설 이용하기

만약 현지 가이드와 함께하는 여행이라면, 가이드와 많은 대화를!

도윤  **Sorry to interrupt you. Can I ask you a question?**
말씀 중에 끼어들어서 죄송한데요. 뭐 하나 여쭤봐도 돼요?

가이드  **Sure. Go ahead.**
그럼요. 말씀하세요.

도윤  **Are we almost there?**
저희 거의 다 왔나요?

가이드  **Just one more block. Why? Anything wrong?**
한 블록만 더 가면 돼요. 왜요? 무슨 일이라도 있으세요?

도윤  **Yeah. I think I'm carsick.**
네, 제가 차멀미를 하는 것 같아서요.

가이드  **Oh, I see. Just a moment.**
아, 알겠습니다. 잠시만요.

---

**여러나라를 여행할 때 필요한 멀티어댑터**

해외에서 스마트폰 또는 디카 충전 등 전자기기를 사용할 때 가장 유의해야 하는 부분은 전압과 플러그의 모양이다. 특히 유럽은 나라마다 콘센트 모양이 달라서 플러그도 그에 맞춰 줘야 하는데 그때 필요한 것이 멀티어댑터이다.

### ○○해서 죄송해요.

**KEY EXPRESSION 1**

# Sorry to interrupt you.

말씀 중에 끼어들어서 죄송한데요. 'I'm sorry to ~(~해서 죄송합니다)'를 구어체에서는 가볍게 'Sorry to ~'로 말하는 경우가 많다. to 뒤에 미안한 이유를 말하면 되는데, 보통 상대에게 양해를 구하는 그 순간이나 혹은 그 후에 얘기한다.

---

다양한 표현으로 양해를 구할 수 있다.

**1** I'm sorry to interrupt you. 말씀 중에 끼어들어 죄송합니다.
- interrupt는 '끼어들다, 방해하다'라는 의미로, 상대가 말하는 도중에 끼어들면서 할 수 있는 표현이다.

**2** Sorry to bother you. 귀찮게 해서 죄송한데요.
= Sorry to be a bother.
- 다른 일에 몰두하고 있는 상대를 잠시 방해해야 할 상황에서 가능하다.

**3** Sorry to ask you again. 자꾸 여쭤봐서 죄송한데요.

**4** I'm sorry to be late. 늦어서 죄송합니다.

---

■ 멀티어댑터는 현지 숙소에서 대여해주기도 하지만 혹시 모를 경우를 대비해서 챙겨두면 유용하게 쓸 수 있다. 우리나라 인터넷 쇼핑몰이나 할인매장에서 쉽게 구할 수 있다.

**뭐 하나 여쭤봐도 될까요?**　　　　　　　　　　　KEY EXPRESSION 2

# Can I ask you a question?

**뭐 하나 여쭤봐도 돼요?** 외국여행 중에 반드시 한번 이상은 쓰게 되는 표현이다. 상대에게 질문을 하기 전에 미리 양해를 구하는 느낌을 준다.

---

질문해도 되는지 미리 물어본다.

1. Can I ask a question? 질문 하나 해도 될까요?
2. Can I ask you a question about that?
   그것에 대해 뭐 하나 여쭤봐도 될까요?
3. Can I ask you something? 뭐 하나 물어봐도 되나요?
   • 이러한 질문에는 기꺼이 그 질문을 받아주겠다는 의미로 Sure. Go ahead. 라고 대답하면 좋다.

---

**거의 다 왔어요?**　　　　　　　　　　　KEY EXPRESSION 3

# Are we almost there?

**저희 거의 다 왔나요?** 목적지를 가는 도중에 어디쯤 가고 있는지, 거의 도착을 한 건지 궁금할 수 있다. 이럴 때 쓰면 좋은 표현이다.

---

목적지까지의 도착여부를 물을 수 있다.

1. Are we there yet? 저희 거의 다 도착했나요?
   = Are we almost there yet?
2. Are we there already? 벌써 다 온 거예요?

# TRAVEL WORDS

## ● 여행

[장거리]여행 travel
특정 목적을 가지고 하는 여행 trip
계획을 세우고 하는 여행 tour
길고 힘든 여행 journey
짧은 여행이나 소풍 excursion
당일치기 여행 one-day trip
배낭여행 backpacking
패키지 여행 package tour
도보여행 hiking
여행 일정 itinerary

## ● 시티투어버스

시티투어버스 city tour bus
여행사 travel agency
요금 fare
수수료 service charge
만남의 장소 meeting point
출발 시간 departure time
가이드 guide

통역 translation
정차 stopover
식사 meal
당일 관광 one-day tour
반일 관광 half-day tour
야간 관광 night tour

## ● 시내 관광

시내 관광 city sightseeing
관광 명소 tourist attraction
박물관 museum
기념관 memorial
고궁 ancient palace
화랑 art gallery
박람회 fair
전시회 exhibition
전망대 observation tower
온천 spa[hot spring]
축제 festival
입장 entry
재입장 re-enter
놀이기구 ride
분수식 급수대 water fountain
기념품 souvenir

## ● 여행영어 표현사전

### 관광정보 수집·문의

관광 안내소가 어디 있나요?
Where is the tourist information center?

이 지역 관광정보를 좀 얻을 수 있을까요?
Can I get some information for tours of this area?

관광지도 있어요?
Do you have a tourist map?

시내지도 있나요?
Do you have a city map?

박물관에 관한 안내책자 있어요?
Do you have any brochures about the museums?

관광객들이 많이 가는 장소로 여기 뭐가 있나요?
What are some tourist attractions here?

여기 근처에 어디 돌아볼 데 있나요?
Are there some good places to see around town?

가볼 만한 데가 어디예요?
What do you think are the best places to see?

추천하실 만한 게 있나요?
Do you have any recommendations?

좀 재미있는 곳 좀 추천해 주실래요?
Could you recommend some interesting sights?

어디에서 시 전체의 근사한 경치를 볼 수 있어요?
Where can I see the best view of the whole city?

제가 무엇을 보는 게 좋을까요?
What do you think I should see?

제가 어디를 가보면 좋을까요?
Where do you think I should go?

어디 가면 연극을 볼 수 있는지 아세요?
Do you know where I can see a play?

근처에 극장이 있나요?
Is there a theater nearby?

근처에 박물관이 어디 있는지 아세요?
Do you know where the museum is?

거기 어떻게 가요?
How do I get there?

거기 걸어가도 되나요?
Is it within walking distance?

저기서 버스 타시면 돼요.
You can catch a bus over there.

표 사는 줄이 어디입니까?
Where's the ticket line?

이것만 알아도 관광은 한다!

이거 무슨 줄이에요?
What is this line for?

반일 관광도 있어요?
Do you offer a half-day tour as well?

반나절 관광과 전일관광이 있습니다.
We do have a half-day tour and a full-day tour.

## 투어 상품

야간 투어 있어요?
Do you have a night tour?

바닷가에 가고 싶은데요.
I'd like to go to a beach.

그 투어에 어떻게 합류하죠?
How can I join the tour?

시내 관광 투어를 하고 싶은데요.
I'd like to take a city sightseeing tour.

예약이 필요한가요?
Do I need a reservation?

시내관광 있습니까?
Do you have any city tours?

이 관광상품에는 어떤 것들이 포함되는지 설명해주시겠어요?
Would you tell me what this tour covers?

일일관광을 예약하고 싶은데요.
I'd like to book a one-day trip.

이 관광에서는 무엇을 보게 되나요?
What do I see on this tour?

관광상품으로 어떤 것들이 있죠?
What kinds of tours do you have?

가이드가 있는 상품인가요?
Is it a guided tour?

주말 패키지 가격이 얼마예요?
How much is a weekend package?

한국인 가이드도 있나요?
Is there a Korean guide?

어떤 투어 상품들이 있나요?
Which tours do you have available?

여행경비가 얼마나 들죠?
How much does the tour cost?

어떤 관광이 좋을까요?
Which tour do you recommend?

입장료 포함된 가격인가요?
Does the price include the entrance fee?

일일 관광상품 있나요?
Do you have a one-day tour?

169

## ● 여행영어 표현사전

학생 할인 되나요?
Is there a student discount?

식사 포함인가요?
Are any meals included?

한 그룹 당 정원은 어떻게 되나요?
How many people are there per group?

전 야생 동물에 관심이 많은데요.
I'm very interested in wild animals.

우리 언제 돌아와요?
When will we return?

이 관광은 몇 시간 걸립니까?
How long does this tour take?

투어는 몇 시에 끝나요?
What time does the tour finish?

버스에 에어컨 나오나요?
Is the bus air-conditioned?

버스에 화장실 있어요?
Is there a toilet on the bus?

거기 가는 데 얼마나 걸려요?
How long does it take to get there?

버스는 몇 시에 출발하나요?
What time does the bus leave?

오른쪽에 시청이 보이시죠.
To your right, you can see City Hall.

여기에서 얼마나 머물죠?
How long will we be here?

30분 동안 정차하겠습니다.
We're stopping for thirty minutes.

버스에 몇 시까지 와야 하나요?
What time should we come back to the bus?

1시 30분까지 버스로 늦지 않게 돌아와 주세요.
Please return to the bus no later than 1:30.

우리 다 와 가나요?
Are we almost there?

저 차멀미하는 것 같아요.
I think I'm carsick.

### 관람 문의

오늘 밤 상영하는 건 뭐예요?
What's on tonight?

오늘의 프로그램은 뭐죠?
What is today's program?

오늘 축구 경기 있나요?
Are there any soccer games today?

이것만 알아도 관광은 한다!

어느 팀이 하는 경기죠?
Which teams are playing?

제일 인기 있는 게 뭐예요?
What is the most popular one?

공연은 언제 시작하나요?
When does the show begin?

영화는 몇 시에 시작해요?
What time does the movie start?

영화 몇 시에 끝나요?
What time does the movie finish?

공연 언제 끝나요?
When does the show close?

미술관 문 언제 열어요?
When's the gallery open?

한 시간 후면 시작해요.
It starts in an hour.

공연 시간이 어떻게 돼요?
What are the show times?

공연은 얼마나 오래 하죠?
How long does the show run?

공연 시간은 2시간입니다.
The show runs about two hours.

낮 공연도 하나요?
Do you have day time shows?

둘러보는 데 얼마나 걸리나요?
How long does it take to look around?

누가 출연하나요?
Who stars in it?

어느 나라 말로 나와요?
What language is the movie in?

영어 자막 나오나요?
Does it have English subtitles?

### 티켓 예약·구매

표를 예매해야 하나요?
Do I have to reserve the ticket?

티켓 예매는 어떻게 하나요?
How should I reserve the tickets?

스타워즈 표 있어요?
Are there any tickets for Star Wars?

표 한 장 예매하려고요.
I'd like to reserve a ticket.

지금 표 구할 수 있을까요?
Can I get a ticket now?

스타워즈 두 장이요.
Two tickets for Star Wars, please.

## ● 여행영어 표현사전

그 영화는 매진되었습니다.
That movie is sold out.

죄송하지만, 오늘 밤 공연은 매진입니다.
I'm sorry, we're sold out tonight.

내일 밤은요?
How about tomorrow night?

표가 얼마죠?
How much are tickets?

입장료가 얼마예요?
What's the admission fee?

성인은 5달러입니다.
It's $5 for adults.

티켓은 25달러이고 세금은 별도입니다.
The tickets are $25 plus tax.

학생 할인 받을 수 있을까요?
Can I get a student discount?

관광객 할인 같은 것은 없나요?
Is there any discount for tourists?

학생과 노인은 2달러씩 할인해 드립니다.
Students and seniors receive $2 off.

여기 공연 10% 할인 쿠폰이요.
Here is a coupon for 10% off the show.

단체 요금도 있나요?
Do you have group rates?

여기 들어가는 데 얼마예요?
How much is it to get in here?

계산은 어떻게 하면 되죠?
How can I pay for it?

현금이나 신용카드 가능합니다.
We'll take cash or credit cards.

신용카드로 할게요.
I'd like to use my credit card.

잔돈 없으세요?
Do you have anything smaller than that?

가운데에 빈 자리 있나요?
Are there any seats left in the middle?

앞쪽과 뒤쪽 좌석밖에 없습니다.
We only have seats in the front and at the back.

뒤에 좌석 두 개 있어요?
Do you have two seats at the back?

남은 좌석 중에 제일 좋은 데가 어디예요?
Where are the best seats you have left?

이 표를 다른 날 밤 시간으로 바꿀 수 있을까요?
Can I exchange this for another night?

중간에 쉬는 시간 있나요?
Is there an intermission?

이것만 알아도 관광은 한다!

## 관광시설 이용

무료 팸플릿 좀 얻을 수 있을까요?
Can I get a free brochure?

박물관 지도 있어요?
Is there a map of the museum available?

입구가 어디예요?
Where is the entrance?

이 건물은 왜 유명한가요?
What is this building famous for?

한 시간에 얼마예요?
How much is it per hour?

하루에 얼마예요?
What's the charge per day?

저건 뭐예요?
What is that?

이건 뭐라고 해요?
What is this called?

저 배우 이름이 뭐예요?
What's the name of the actor?

제 짐은 어디에 맡기죠?
Where can I leave my luggage?

제 자리가 어디죠?
Where is my seat?

제 좌석 찾는 것 좀 도와주실래요?
Could you help me find my seat?

여기 자리 있어요?
Is this seat taken?

죄송하지만 자리 좀 바꿔 주실 수 있으세요?
I'm sorry, but can I change seats?

잠시 제 자리 좀 맡아 주실래요?
Would you save my place for a minute?

죄송합니다만, 좀 조용히 해주시겠어요?
Excuse me, could you be a little quiet, please?

이 근처에 화장실 있나요?
Is there a bathroom near here?

화장실이 어디죠?
Where can I wash my hands?

선물 가게는 어디에 있나요?
Where is the gift shop?

기념품으로 인기 있는 것 좀 추천해주실래요?
Could you recommend something popular for a souvenir?

마실 것 파는 데가 어디죠?
Where can I buy something to drink?

● 여행영어 표현사전

## 사진 촬영

여기서 사진 찍어도 되나요?
Is it okay to take pictures here?

플래시 터뜨려도 되나요?
May I use a flash?

이걸로 저 좀 찍어 주실래요?
Could you take a picture of me with this?

당신 사진을 찍고 싶은데 괜찮을까요?
Would you mind if I take a picture of you?

당신과 같이 사진 좀 찍어도 될까요?
Can I take a picture with you?

찍으려면 어디 눌러야 하죠?
Where do I press to take the picture?

여기 동그라미 터치하시면 돼요.
Just touch this circle.

오른쪽으로 조금만 가 주세요.
Move a little to the right.

이메일 주소 알려주시면, 나중에 사진 보내드릴게요.
If you give me your e-mail address, I'll send the pictures to you later.

이것만 알아도 문제 없다!

# Emergencies

A journey is like marriage.
The certain way to be wrong is to think you control it.

여행은 결혼같아서, 대부분 착각하는 부분이 그것을 조절할 수 있다고 생각하는 것이다.
- John Steinbeck

TRAVEL STORY 18

## 물건을 분실했을 때

문제발생! 당황하지 말고 최대한 침착하자.

---

**도윤**     I think I lost my passport. I can't find it anywhere.
저 제 여권을 잃어버린 것 같아요. 아무데도 없어요.

**경찰**     Have you looked everywhere?
다 찾아보셨나요?

**도윤**     Yes. I've been looking all day long.
네, 하루 종일 계속 찾고 있었어요.

**경찰**     When and where did you lose it?
언제 어디서 잃어버리셨나요?

**도윤**     The last time I saw it was yesterday afternoon. But I don't remember where it was.
마지막으로 본 게 어제 오후였어요. 그런데 그게 어디였는지는 기억이 안 나요.

**경찰**     Okay. Please fill out this form first.
알겠습니다. 우선 이 서류부터 작성해주세요.

---

### 여권은 나의 분신

해외에서 여권을 잃어버리게 되면 여러 불이익을 볼 수 있다. 요즘같이 험한 세상에는 범죄에 노출되기도 쉽고, 본인도 모르게 여권이 악용될 수도 있기 때문이다. 잃어버린 사실을 발견한 즉시 현지 경찰서나 대사관에 신고하자. 이런 경우에 대비해 미리 한국에서 여권 사본을 여분으로 준비해 가는 것이 좋다.

## OO을 찾을 수가 없어요.

**KEY EXPRESSION 1**

# I can't find it anywhere.

아무 데도 없어요. 물건을 잃어버렸을 때 'I can't ~(~을 할 수 없다)'라는 표현을 써서 말할 수 있다. '어디에서도' 찾을 수 없다는 의미를 강조하기 위해 'anywhere'를 쓴다.

① I can't find it. 그걸 못 찾겠어요.

② I can't find my keys. 열쇠를 못 찾겠어요.

③ I can't find my luggage anywhere.
어디에서도 제 짐을 찾을 수가 없네요.

## 계속 OO을 찾고 있는 거에요.

**KEY EXPRESSION 2**

# I've been looking all day long.

하루 종일 계속 찾고 있는 중이에요. 'I've been -ing ~'는 과거에 시작해서 지금까지도 계속 하고 있는 것에 대해 말할 때 쓸 수 있는 형태이다.

① I've been looking all day. 하루 종일 찾고 있는 거에요.

② I've been looking for my passport. 제 여권을 찾고 있는 중이에요.
• 찾고 있는 물건을 구체적으로 말하려면 'for+사물'이라고 한다.

③ I've looked everywhere. 여기저기 다 찾아봤어요.

■ 여행자보험에 가입되어 있다면, 도난물품에 한해 일정 금액 보상받을 수 있다. 단, 여행자보험의 보상을 받기 위해서는 현지에서 꼭 챙겨와야 하는 서류들이 있으니 이 부분에 유의하자.

| ○○이 기억나지 않아요. | KEY EXPRESSION 3 |

# But I don't remember where it was.

근데 그게 어디였는지는 기억이 안 나요. 과거의 일에 대해 기억이 잘 나지 않을 때 'I don't remember ~(~이 기억 안 나요)'라는 표현을 쓴다.

장소가 기억나지 않을 때

1. **I don't remember where it was.**
   그게 어디였는지 기억이 안 나네요.

2. **I don't remember where I put it.**
   제가 그걸 어디에 두었는지 기억 안 나요.

3. **I don't remember where I last saw it.**
   제가 그걸 마지막으로 어디서 봤는지 기억이 안 나요.

때가 기억나지 않을 때

1. **I don't remember when it was.**
   그게 언제였는지 기억이 안 나요.

2. **I don't remember when I last used it.**
   마지막으로 쓴 게 언제였는지 기억이 안 나요.

대상이 기억나지 않을 때

1. **I don't remember who he was.** 그 사람이 누구였는지 기억이 안 나네요.

2. **I don't remember who took it.** 누가 그것을 가져갔는지 기억나지 않아요.

3. **I don't remember what I bought there.**
   제가 거기에서 뭘 샀는지 기억이 안 나요.

## TRAVEL WORDS

### ● 물건 분실 시

분실 lost
도난 stolen
경찰서 police station
분실물센터 lost and found
대사관 embassy
영사관 consulate
전화번호 phone number
주소 address
신분증 ID card
소매치기 pickpocket
강도 robber
도둑 thief

휴대폰 cell[mobile] phone
우산 umbrella
시계 watch
팔찌 bracelet
반지 ring
목걸이 necklace
귀걸이 earrings
열쇠 key
방 열쇠 room key
신발 shoes
태블릿 PC tablet PC
디지털 카메라 digital camera
노트북 laptop computer

### ● 잃어버리기 쉬운 것들

현금 cash
신용카드 credit card
체크카드 debit card
여권 passport
비행기표 flight[plane] ticket
짐 luggage
귀중품 valuables
지갑 wallet
가방 bag
배낭 backpack
핸드백 handbag[purse]
수첩 pocketbook

TRAVEL STORY 19

# 환전하기

한국에서 넉넉히 환전을 해왔다고 생각했는데, 지갑에 구멍이 났나?
가까운 은행이나 환전소로!

---

도윤 **What's the Australian/US dollar rate?**
US달러당 호주달러가 얼마나 하나요?

직원 **One Australian dollar is worth 77 US cents today.**
오늘 환율로 1호주달러가 77 US센트입니다.

도윤 **Okay. I'd like to change 500 US dollars into Australian dollars, please.**
그렇군요. 그럼 미화 500달러를 호주달러로 바꿔주세요.

직원 **Good. How would you like your bills?**
그러죠. 지폐는 어떻게 드릴까요?

도윤 **In tens and fifties, please.**
10달러하고 50달러 지폐로 주세요.

---

**아무데서나 환전하지 마세요!**
여행 도중 현지에서 환전을 해야 할 경우가 생길 수 있다. 이럴 때는 가능한 은행을 찾자. 물론 여행객들이 많이 찾는 곳에는 작은 환전소들이 있기는 하지만 간혹 위조지폐를 거래하는 곳도 있으니 조심해야 한다.

○○당 ○○가 얼마예요?　　　　　　　　　　KEY EXPRESSION 1

# What's the Australian/US dollar rate?

**US달러당 호주달러가 얼마나 하나요?** 은행이나 환전소 등에서 환율을 물어볼 때 쓸 수 있는 표현이다. 여기서는 US dollar 당(per) 호주달러의 환율을 직접적으로 묻고 있다.

---

다양한 표현으로 환율을 물을 수 있다.

**1** What's the Australian/US dollar rate?
US달러당 호주달러가 얼마예요?

= How many Australian dollars per US dollar?
= How many Australian dollars to the dollar?

**2** What is the exchange rate of Australian dollars to the US dollar? 미화에 대한 호주달러 환율이 어떻게 되나요?
• exchange rate(환율)이라는 직접적인 표현을 써서 물을 수도 있다.

---

상대의 이런 대답을 기대할 수 있다.

**1** One Australian dollar is worth 77 US cents today.
오늘 환율로 1호주달러가 77 US센트입니다.

**2** The exchange rate is 1.26 Australian dollars to US dollar. US달러당 호주달러 환율은 1.26입니다.

○○을 ○○로 환전해주세요.　　　　　　　　**KEY EXPRESSION 2**

# I'd like to change 500 US dollars into Australian dollars, please.

미화 500달러를 호주달러로 바꿔주세요.　'I'd like to ~'는 '~하고 싶습니다. ~해주세요'의 표현으로, 'A를 B로 바꾸다'는 표현은 'change A into B'의 형태로 알아두도록 하자.

- ① I'd like to exchange 500 US dollars.
  미화 500달러를 바꾸고 싶어요.

- ② I'd like to change 500 US dollars into Aussie dollars, please. 미화 500달러를 호주달러로 바꾸고 싶은데요.
  • Aussie는 Australian과 같은 의미로, 구어체에서 많이 쓰인다.

- ③ Could you exchange this into Australian dollars?
  이거 호주달러로 좀 바꿔주시겠어요?


(돈을) ○○로 주세요.　　　　　　　　**KEY EXPRESSION 3**

# In tens and fifties, please.

10달러하고 50달러 지폐로 주세요.　구체적으로 얼마짜리 특정 지폐로 달라고 할 때 쓸 수 있는 표현이다.

- ① Large bills, please. 고액권으로 주세요.
- ② (In) Tens and fifties, please. 10달러랑 50달러짜리로 주세요.
- ③ All of it in twenties, please. 전부 20달러 지폐로 주세요.

## TRAVEL WORDS

● 환전할 때

은행 bank
환전소 money exchanger
자동인출기 ATM[bank machine]
환전 exchange
환율 exchange rate
은행원 teller
지폐 bill
고액권 large bill
소액권 small bill
수표 check[cheque]
동전 coin

● 각국의 화폐

미국 (US) dollar
유로화 Euro
영국 pound
캐나다 Canadian dollar
뉴질랜드 New Zealand dollar
호주 Australian dollar
일본 yen
중국 yuan
홍콩 Hong Kong dollar
인도 rupee
싱가포르 Singapore dollar
태국 baht
대만 Taiwan dollar
터키 liray

## ● 여행영어 표현사전

### 물건 분실 · 도난

도와주세요!
Help!

소매치기야[도둑이야/강도야]!
Pickpocket[Thief/Robber]!

가방이 없어졌어요!
My bag is gone!

여기서 제 가방 못 보셨나요?
Have you seen my bag in here?

분실물 센터가 어디죠?
Where is the lost-and-found office?

저한테 문제가 좀 생긴 것 같아요.
I think I'm in trouble.

저 여권을 잃어버렸어요.
I've lost my passport.

제가 지갑을 잃어버린 것 같아요.
I think I lost my wallet.

제 가방이 없어진 것 같아요.
I think my bag is lost.

지갑을 택시에 두고 내린 것 같아요.
I think I left my wallet in the taxi.

누가 제 가방을 훔쳐간 것 같아요.
I think my bag was stolen.

그것을 어디서도 찾을 수가 없어요.
I can't find it anywhere.

지갑을 소매치기 당했어요.
I got my wallet pick pocketed.

어디서 재발급 받을 수 있을까요?
Where can I get it reissued?

경찰 좀 불러주세요.
Please call the police.

저희 대사관에 연락하고 싶습니다.
I want to contact my embassy.

여보세요, 거기 경찰서죠?
Hello, is this the police?

여기 한국어 통역하시는 분 계신가요?
Is there a Korean translator here?

지갑에 신용카드하고 현금, 그리고 뭐 이것저것 들어 있어요.
My credit cards, some cash, and some other stuff is in my wallet.

이 도난신고서를 작성해 주세요.
Please fill out this report card.

찾으시면 이 번호로 저한테 연락주세요.
Please contact me at this number when you find it.

제 지갑을 찾을 방법이 뭐 없을까요?
Is there any way to find my wallet?

이것만 알아도 문제 없다!

## 은행

여기서 환전 되나요?
Can I exchange money here?

외화를 좀 환전하고 싶은데요.
I'd like to exchange some foreign currency.

한화를 미화로 바꿔 주세요.
Can you change Korean won into US dollars?

지금 환율이 어떻게 되나요?
What's the current exchange rate?

US달러 당 호주달러가 얼마인가요?
What's the Australian/US dollar rate?

원화 당 호주달러가 얼마인가요?
How many Australian dollars per Korean won?

원화 당 미화 환율이 어떻게 되나요?
What is the exchange rate of US dollars to Korean won?

오늘은 1호주 달러가 미화 77센트입니다.
One Australian dollar is worth 77 US cents today.

미화 500달러를 호주달러로 바꿔주세요.
I'd like to change 500 US dollars into Australian dollars, please.

이거 호주달러로 좀 바꿔주시겠어요?
Could you exchange this into Australian dollars?

100달러를 잔돈으로 바꾸고 싶은데요.
I'd like to get change for a hundred Euros.

지폐는 어떻게 드릴까요?
How would you like your bills?

1달러짜리로 주세요.
In singles, please.

5달러하고 20달러짜리로 주세요.
In fives and twenties, please.

고액권 지폐로 주십시오.
Large bills, please.

전부 50달러짜리로 주세요.
I'd like all fifties, please.

뭐든 상관없습니다.
It doesn't matter.

(건네며) 여기 제 여권이요.
Here's my passport.

여기에 비밀번호를 누르세요.
Enter your PIN number here.

인출을 하려고 하는데요.
I'd like to make a withdrawal.

● **여행영어 표현사전**

잔돈이 좀 필요한데요.
I need some change.

자동인출기가 어디 있나요?
Where can I find an ATM?

ATM 기계에 카드가 들어갔는데 안 나와요.
The ATM ate my card.

수수료는 없습니다.
There's no fee.

### 우체국

다음 분이요.
Who's next? / Next, please.

우표 좀 사려고 하는데요.
I'd like to buy some stamps, please.

특별히 원하시는 디자인이 있으신가요?
Any particular design you are looking for?

항공우편 부탁합니다.
Air mail, please.

이걸 특급우편으로 보내려고 하는데요.
I need to send this by express mail.

이거 부치는 데 우편요금이 얼마인가요?
How much postage do I need for this?

이거 무게 좀 재주실래요?
Can you weigh this?

봉투 좀 살 수 있을까요?
Do you have any envelopes I could buy?

얼마나 걸릴까요?
How long will it take?

죄송하지만, 줄을 서셔야 합니다.
Sorry, you'll have to stand in line.

이게 전부인가요?
Will that be all?

### 아플 때

앰뷸런스 좀 불러 주세요.
Call an ambulance, please.

병원까지 좀 데려다 주세요.
Please take me to a hospital.

의사 좀 불러주실래요?
Will you send for a doctor, please?

이것만 알아도 문제 없다!

제일 가까운 병원이 어디인가요?
Where's the nearest hospital?

가장 가까운 약국이 어디에 있나요?
Where's the nearest pharmacy?

어디가 안 좋으시죠?
What's the matter?

배가 아파요.
I feel sick to my stomach.

배가 너무 아파요.
My stomach really hurts.

눈이 가려워요.
My eyes are itchy.

설사를 하는데요.
I've got diarrhea.

당장 화장실을 찾아야겠어요.
I have to find a bathroom right now.

그렇게 오래 못 참을 것 같아요.
I don't think I can hold it that long.

발목을 삐었어요.
I twisted my ankle.

손목을 삐끗했어요.
I sprained my wrist.

감기에 걸린 것 같아요.
I think I have a cold.

몸이 으슬으슬 추워요.
I have the chills.

열이 나요.
I have a fever.

기침을 해요.
I have a cough.

목이 따끔거려요.
I have a sore throat.

침을 삼키기가 어려워요.
I have difficulty swallowing.

콧물이 나요.
I have a runny nose.

전 우유를 소화 못해요.
I can't digest milk.

코가 막혔어요.
My nose is clogged.

숨을 못 쉬겠어요.
I can't breathe.

몸이 아파요.
I feel sick.

## ● 여행영어 표현사전

어지러워요.
I'm dizzy.

두통이 너무 심해요.
I have a terrible headache.

머리가 깨질 듯이 아파요.
My head's throbbing.

속이 메스꺼워요.
I'm nauseous.

토할 것 같아요.
I feel like I'm going to throw up.

계속 토해요.
I've been throwing up.

피가 나요.
I'm bleeding.

전 이것에 알러지가 있어요.
I'm allergic to this.

사고를 당했어요.
I was in an accident.

목을 다쳤어요.
I injured my neck.

여기를 다쳤어요.
I'm injured here.

여기가 아파요.
It hurts here.

이렇게 하면 아파요.
It hurts when I do this.

다리가 아파요.
My legs hurt.

허리가 아파요.
My back hurts.

몸을 구부리지 못하겠어요.
I can't bend over.

심각한 건가요?
Is it serious?

치료가 될까요?
Is there a cure?

부러진 건가요?
Is it broken?

전염되는 건가요?
Is it contagious?

꿰매야 하나요?
Do I need stitches?

수술해야 하나요?
Do I need surgery?

제가 여행을 계속 할 수 있을까요?
Can I continue with my trip?

여기 한국어 하시는 분 혹시 계세요?
Does anyone here speak Korean?

Lost and Found

이 증상이 얼마나 오래 됐죠?
How long have you been feeling that way?

이틀 정도 됐어요.
I've been sick for two days.

전에도 이런 경우가 있었나요?
Have you had this before?

체온을 좀 재겠습니다.
Let me check your temperature.

통증 좀 가시게 해주세요.
Can you make the pain go away?

처방전을 써드리겠습니다.
I'm going to write you a prescription.

처방전대로 약 좀 주세요.
Please fill the prescription.

이 약은 어떻게 복용하는 거죠?
How do I take this pill?

하루에 몇 번이요?
How many times a day?

하루 세 번 드세요.
Take it three times daily.

식후에 드세요
Take it after meals.

이 약 먹으면 졸리나요?
Would it make me drowsy?

## 만남

제 이름은 도윤입니다.
My name is Do yoon.

한국에서 왔어요.
I'm from Korea.

안녕하세요.
Hello. / Good morning [afternoon, evening].

안녕하세요?
How are you?

만나서 반가워요.
How do you do? = Nice to meet you.

좋아요.
Good [Fine, All right, Okay, Great].

합석해도 될까요?
May I join you?

## 대화 중

어디서 묵고 계세요?
Where are you staying?

지금까지 다녀보신 곳 중에서 어디가 제일 좋아요?
What's the best place you've been to so far?

## ● 여행영어 표현사전

감사합니다.
Thank you.

도와주셔서 감사합니다.
Thank you for your help.

괜찮습니다.
You're welcome. / My pleasure.

죄송합니다.
I'm sorry.

저도요.
Same to you.

물론이죠.
Of course.

실례합니다.
Excuse[Pardon] me.

이게 무슨 뜻인가요?
What does this mean?

이건 뭐라고 해요?
What do you call this?

스펠링 좀 알려주실래요?
Could you spell that?

일본어로 '실례합니다'를 뭐라고 하나요?
How do you say "Excuse me" in Japanese?

방금 뭐라고 하셨죠?
What did you just say?

다시 한번 말씀해주실래요?
Could you please repeat that?

뭐라고요?
Excuse me? [Pardon?] = I'm sorry?

좀 천천히 말씀해 주세요.
Please speak more slowly.

더 크게 말씀해 주시겠어요?
Could you please speak louder?

여기에 좀 적어 주실래요?
Could you write it down here, please?

이해가 안 돼요.
I don't get it.

그래요/맞아요.
Yes[Right, Sure, Absolutely].

마음에 들어요.
I like[love] it.

멋진데요.
It's wonderful[fantastic, fabulous, amazing].

제 말이 무슨 말인지 이해되세요?
Do you see what I mean?

무슨 말씀이신지 알겠습니다.
I see what you mean.

말도 안 돼요.
No way.

## 이것만 알아도 문제 없다!

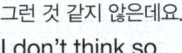

그런 것 같지 않은데요.
I don't think so.

그렇지 않아요.
That's not true.

좀 지나갈게요.
Coming through.

먼저 가세요.
After you.

듣고 있습니다.
I'm listening.

안 들려요.
I can't hear you.

잠깐만요.
Wait a minute[moment]
= Just a minute[second].

진정하세요.
Take it easy. = Calm down.

정말이요?
Really? = Are you serious?

지금 몇 시예요?
What time is it?

지금 몇 시인지 아세요?
Do you have the time?

시간 있으세요?
Do you have time?

4시 10분 전이네요.
It's ten to[till] four.

6시 조금 넘었네요.
It's just after[past] six.

9시 40분입니다.
It's nine forty.

이 시계가 맞는 건가요?
Is this clock right?

이 시계 빠르네요.
This clock is fast.

제 시계가 좀 느려요.
My watch is running a little slow.

담배 있으세요?
Do you have a cigarette?

담뱃불 있으세요?
Do you have a light?

담배 좀 피워도 되겠습니까?
Do you mind if I smoke?

그거 제가 안 그랬어요.
I didn't do it.

전화 좀 쓸 수 있을까요?
Could I please use the phone?

화장실이 어디예요?
Where are the restrooms?

● 여행영어 표현사전

## 헤어짐

안녕히 주무셔요.
Good night.

안녕히 계세요[가세요].
Good bye. / Take care.

나중에 또 봐요.
See you later.

얘기 즐거웠습니다.
Nice talking to you.

우리 계속 연락해요.
Let's keep in touch.

이메일 주소가 어떻게 되세요?
What's your email address?

이메일 보낼게요.
I'll email you.

(자리를 뜨면서) 실례 좀 해도 될까요?
Could I be excused?

저 늦었어요.
I'm late.

제가 급해서요.
I'm in a hurry.

이것만 알아도 집에 돌아간다!

# Arrival

*No one realizes how beautiful it is to travel  
until he comes home and rests  
his head on his old, familiar pillow.*

집에 돌아와 낡고 익숙한 베개에 머리를 기대 쉴 때쯤에야  
여행이라는 것이 얼마나 아름다운 것인지를 깨닫게 된다.  
- Lin Yutang

**TRAVEL STORY 20**

# 귀국하기

귀국행 비행기에 몸을 싣는 그 순간까지 잘 준비해 유종의 미를 확실히 거두자!

직원   **Would you like a window or an aisle seat?**
창가 쪽 좌석 드릴까요? 아니면 통로 쪽으로 드릴까요?

도윤   I'd like an aisle seat.
통로 쪽 자리로 주세요.

직원   **Do you have any luggage to check in?**
부치실 짐이 있으신가요?

도윤   **I have only one bag.** Can I carry this on board the plane?
가방이 달랑 하나인데요. 기내에 가지고 타도 될까요?

직원   **Could you put it on this conveyor belt, please?**
여기 컨베이어 벨트에 올려봐 주시겠어요?

도윤   **Sure.** I don't think it's over.
그럼요. 더 나갈 거 같진 않은데.

---

**귀국하기 전에 잠깐!**

- 여행을 떠날 때보다 돌아올 때 짐이 늘어나는 건 당연한 일! 그러니 애초에 헌 옷이나 헌 속옷을 챙겨 가자. 현지에서 입었다가 돌아올 때 버리고 오면 그만큼 짐을 줄일 수 있어 좋다.
- 지인들에게 줄 선물은 현지 슈퍼마켓에서 찾아 보자. 이제는 너무 흔해져 버린 열쇠고리나 냉장고 자석 대신 현지인들이 즐기는 그 지역 먹거리를 맛보게 하는 것도 신선한 선물 아이템이 될 수 있다.

○○ 주세요.　　　　　　　　　　　　　　KEY EXPRESSION **1**

# I'd like an aisle seat.

통로 쪽 자리로 주세요. 자신이 앉고자 하는 기내 좌석을 얘기할 때도 'I'd like a(n) ~(~이 좋아요, ~주세요)'라는 표현을 쓸 수 있다. 통로 쪽에 있는 좌석은 aisle(복도) seat, 창가에 있는 좌석은 window seat이라고 한다.

---

다양하게 원하는 좌석을 얘기할 수 있다.

**① 1** An aisle seat, please. 통로 쪽 좌석으로 주세요.
= I'd like an aisle seat, please.
= An aisle seat would be good.
• ~ would be good(~이 좋겠네요)도 많이 쓰는 표현이다.

**① 2** Can I have a window seat? 창가 좌석으로 주실래요?
= Could I have a window seat, please?
• Could I ~? 혹은 please를 붙여 좀더 예의를 갖출 수 있다.

---

항공사 직원들은 이렇게 묻는다.

**① 1** Aisle or window seat?
창가 쪽 좌석 드릴까요, 아니면 통로 쪽 좌석으로 드릴까요?
• 이렇게 간단히 묻는 경우도 흔하므로 당황하지 않도록 하자.

= Would you like a window seat or an aisle seat?

○○해도 되나요?　　　　　　　　　　　　　　　　　　**KEY EXPRESSION 2**

# Can I carry this on board the plane?

기내에 가지고 타도 될까요?　공항에서 티켓 체크인을 하면서 물을 수 있는 표현 중 하나로, 'carry ~ on board the plane'이라고 하면 '기내에 ~을 들고 타다'라는 의미이다.

**①** Can I carry this on board the plane?
　　이거 기내에 가지고 타도 되나요?

　= Can I carry this onto the plane?

**②** Can I take this with me?　이거 가지고 가도 되나요?
　　• take A with me(A를 내 몸에 지니고 가다, 가져가다)도 함께 알아두자.


○○인 것 같지 않은데요.　　　　　　　　　　　　　　**KEY EXPRESSION 3**

# I don't think it's over.

더 나갈 것 같진 않은데.　'I don't think ~'로 '~인 것 같지 않다'는 의미를 돌려서 얘기할 수 있다. over의 다양한 의미 중 여기에서는 '무게가 초과된'을 의미한다.

다양한 상황에서 over를 쓸 수 있다.

**①** I don't think it's overweight.
　　무게가 초과된 것 같지는 않아요.

**②** I don't think it's over yet.
　　(아직 티켓팅 하고 있는 사람들을 보고) 아직 다 끝난 건 아닌가 봐.

**③** Quickly, we're over time.
　　빨리요, 저희 시간이 지체 됐어요.

# TRAVEL WORDS

● 체크인 카운터에서

항공사 airlines
체크인 check in
카운터 ticket[check-in] counter
셀프체크인 기기 self check-in kiosk
여권 passport
항공권 flight ticket
전자티켓 e-ticket
공항세 airport tax
짐 luggage
여행가방 suitcase
기내 휴대가방 carry-on bag
컨베이어벨트 conveyor belt
수하물 컨베이어 baggage carousel
취급주의 handle with care
파손주의 fragile
좌석번호 seat number
마일리지 mileage
통로측 좌석 aisle seat
창가 좌석 window seat
탑승 시각 boarding time
탑승권 boarding pass
반입 금지품 prohibited articles
수하물보관증 baggage claim tag
수하물 저울 baggage weighing scale

● 공항에서 볼 수 있는 것들

공항청사 terminal building
출국장 departure lounge
탑승 구역 boarding area
탑승구 boarding gate
여권 검사 passport control
보안검색대 security checkpoint
휴대품 검사 carry-on check
몸 수색 body check
입국심사대 immigration counter
대합실 waiting room
출발/도착 일람표 schedule board
세관 customs
세관검사 customs inspection
세관검사관 customs officer
수하물 찾는 곳 baggage claim area
분실물 취급소 lost and found
카트 luggage carrier
검역 quarantine
엑스레이 검색대 X-ray machine
안내소 information center
면세점 duty-free shop[store]

## ● 여행영어 표현사전

### 예약 확인·변경

비행기 예약을 확인하려고 전화 드렸는데요.
I'm calling to confirm my flight reservation.

비행기 예약을 재확인하고 싶습니다.
I'd like to reconfirm my flight.

예약 확인을 하려고 하는데요.
I'd like to confirm my reservation.

KE123편에 대한 예약을 확인하고 싶습니다.
I'd like to confirm my reservation on flight KE123.

예약번호는 JS3470입니다.
My reservation number is JS3470.

제 항공편은 2월 15일 서울행 KE123입니다.
My flight number is KE123 for Seoul on February 15th.

제가 오픈 티켓을 가지고 있는데요.
I've got an open ticket.

3월 1일에 서울 가는 항공편이 있나요?
Are there any flights available to Seoul on March 1st?

출발일이 언제시죠?
When are you leaving?

7월 30일이요.
On July 30th.

도착지는요?
Your destination?

현지 시각으로 밤 9시 30분에 도착할 예정입니다.
You'll be arriving in Seoul at 9:30pm local time.

예약을 변경하고 싶습니다.
I'd like to change my reservation.

출발 날짜를 바꾸고 싶은데요.
I'd like to change my departure date.

예약을 취소하고 싶습니다.
I'd like to cancel my reservation.

오전 비행기면 좋겠습니다.
I prefer a morning flight.

시드니에서 언제 떠나실 예정인가요?
When do you want to leave Sydney?

이틀 더 있다가 출발하고 싶어요.
I'd like to leave two days later.

제가 예약 변경하는 데 위약금이 있나요?
Is there any penalty fee for changing my reservation?

8월 18일로 바꾸고 싶어요.
I'd like to change it to August 18th.

21일이 아닌 25일에 떠나고 싶습니다.
I'd like to depart on the 25th, not the 21st.

이것만 알아도 집에 돌아간다!

성함이 어떻게 되시죠?
What's your full name?

철자 좀 알려주시겠습니까?
Could you spell that, please?

예약번호가 어떻게 되시죠?
What's your reservation number?

예약이 확인되셨습니다.
Your reservation is confirmed.

그 항공편은 빈 좌석이 없습니다.
There are no vacant seats on that flight.

그날로 예약을 해주시겠어요?
Would you please make a reservation for that day?

제 이름을 대기자 명단에 올려주실 수 있으세요?
Could you put my name on the waiting list?

체크인 할 때 항공권을 수령하면 되는 건가요?
Can I pick up my ticket when I check in?

적어도 출발 1시간 30분 전에 탑승 수속을 해 주십시오.
Please check in at least one and half hours before departure time.

## 탑승 수속

대한항공 카운터가 어디인가요?
Where is the Korean Air counter?

바로 저기 J 카운터입니다.
It's right over there, check-in counter J.

수속 밟고 싶은데요.
I'd like to check-in, please.

체크인이요.
Check-in, please.

오늘 어디로 여행하십니까?
Where are you going today?

서울로 돌아갑니다.
I'm going back to Seoul.

여권과 항공권을 주시겠습니까?
May I have your passport and your ticket, please?

(건네며) 여기 있습니다.
Here you go.

(건네며) 여기 제 여권과 항공권이요.
Here's my passport and ticket.

창가 쪽과 통로 쪽 중에 어느 좌석을 드릴까요?
Would you like a window or an aisle seat?

## ● 여행영어 표현사전

통로 쪽 좌석 주세요.
I'd like an aisle seat, please.

창가 좌석으로 주세요.
I'd like a window seat.

통로 좌석이 좋겠습니다.
An aisle seat would be good.

기내 앞줄 좌석으로 주시겠어요?
Can I get a seat in the front row of the plane?

창가 좌석에 앉을 수 있을까요?
Can I have a window seat, please?

비상구 쪽 줄에 있는 좌석에 앉을 수 있을까요?
Could I sit in an emergency exit row seat?

제 친구 옆 좌석으로 주실 수 있으세요?
Could you put me next to my friend?

그분 성함이 어떻게 되시죠?
What's his or her name?

친구 이름은 준입니다.
His [Her] name is Jun.

좌석 꽉 찼나요?
Is the plane full?

비즈니스 석으로 업그레이드 안 될까요?
Could I get an upgrade to business class?

비즈니스 석에 자리 남았나요?
Are there any seats available in business class?

가방이 몇 개시죠?
How many bags do you have?

부치실 짐이 있으신가요?
Do you have any luggage to check in?

모두 가지고 타실 건가요?
Are these all carry-on?

하나 있어요.
I have one.

이 가방 두 개 부칠게요.
I have these two suitcases to check in.

이 휴대가방 하나 있는데요.
I have this one carry-on bag.

이거 기내에 가지고 들어가도 되나요?
Can I carry this on board?

컨베이어 위에 휴대가방을 올려 주십시오.
Please put your carry-on bag on the conveyor.

손님 짐은 허용치를 초과했습니다.
Your baggage exceeds the weight limit.

5kg 초과입니다.
This is 5 kilograms overweight.

초과 화물료를 내야 하나요?
Do I have to pay excess baggage charges?

추가운임이 얼마죠?
How much is the extra charge?

무게 제한이 얼마인데요?
What's the weight limit?

이 가방 안에 깨질 물건 있으세요?
Anything fragile in this bag?

네, '깨지기 쉬움'이라고 표시해 주세요.
Yes, please mark it "FRAGILE."

짐과 떨어져 계신 적이 있으십니까?
Has your luggage been out of your sight?

누가 대신 짐을 운반해달라고 한 게 있나요?
Did anyone give you anything to carry for them?

여기 탑승권과 수하물 보관증, 여권입니다.
Here's your boarding pass, baggage claim tag and passport.

손님 좌석은 29F입니다.
Your seat is 29F.

36번 탑승구로 가십시오.
Please go to gate number 36.

36번 탑승구가 어디죠?
Where is gate number 36?

곧장 가시다가 17번 탑승구에서 왼쪽으로 가세요.
Go straight and take a left at gate 17.

탑승은 언제 시작하나요?
When does boarding begin?

탑승은 출발 시간 30분 전에 시작합니다.
Boarding begins thirty minutes before the departure time.

정확히 4시 30분에 28번 탑승구로 가십시오.
Please make sure you get to gate number 28 at 4:30 sharp.

출발시각 30분 전까지 탑승구로 가지 않으시면, 탑승이 불가능합니다.
If you don't get to the gate 30 minutes before the departure time, they won't let you board.

제 비행기가 몇 시에 출발하나요?
What time will I depart?

손님께서 타실 비행기가 연착되었습니다.
Your flight is delayed.

왜 탑승이 늦어지고 있죠?
Why is boarding delayed?

## ● 여행영어 표현사전

얼마나 지연될까요?
For how long will it be delayed?

어디에서 대기하나요?
Where do I wait?

대기하는 동안 나갈 수 있나요?
Can I go outside while waiting?

출국신고서를 어디서 받죠?
Where can I get a departure form?

신발을 벗어서 바구니에 넣어주세요.
Take off your shoes and put them in the basket.

벨트를 벗어주세요.
Take off your belt, please.

주머니에 있는 걸 비워주세요.
Empty your pockets.

주머니에 있는 걸 다 꺼내 주세요.
Please take everything out of your pockets.

소지품을 바구니에 넣어주세요.
Put your belongings in the basket.

죄송하지만, 문을 다시 한번 통과해 주시겠습니까?
I'm sorry, but could you go through the gate one more time?

이쪽으로 오십시오.
Please step over here.

뒤로 물러서 주십시오.
Step back, please.

가방 좀 열어주시겠어요?
Could you please open your bag for me?

칼이나 다른 무기를 소지하고 계시나요?
Are you carrying any knives or other weapons?

저를 좀 따라 오시겠어요?
Could you come with me, please?

신사 숙녀 여러분
Ladies and gentlemen

승객 여러분께 안내 말씀 드리겠습니다.
Attention, passengers.

서울행 KE123편 탑승을 시작하겠습니다.
We will now begin boarding Flight KE123 to Seoul.

서울행 KE123편 비행기가 곧 출발하겠습니다.
Flight KE123 to Seoul will be departing shortly.

대한항공에서 서울행 KE123편의 탑승을 알려드립니다.
Korean Air announces the boarding of Flight KE123 to Seoul.

30번에서 50번 좌석 승객 분들께서는 지금 탑승해 주시기 바랍니다.
Passengers seated in rows 30 to 50, please begin boarding now.

일등석 손님들과 도움이 필요한 승객께서는 지금 탑승해 주시기 바랍니다.
Those with first-class tickets or needing assistance, please board at this time.

다른 승객 분들은 잠시 후에 불러드리도록 하겠습니다.
We will call for other passengers in a few minutes.

## 택스(세금) 환급

세금 환급은 어디서 받나요?
Where do I get a tax refund?

세금 환급 창구가 어디인가요?
Where is the tax refund desk?

혹시 세금 환급 자동기계가 있나요?
Do you have a tax refund kiosk?

세금 환급을 받고 싶은데요.
I'd like to get a tax refund.

쇼핑하신 물품과 영수증 좀 볼 수 있을까요?
Can I see the goods and the receipt?

세금 환급 신청서, 여권과 국제선 탑승권 주십시오.
Your tax invoice, passport and international boarding pass, please.

매장에서 받으신 세금 환급 서류를 작성해 주셔야 합니다.
You have to fill out the tax refund form given by the retailer.

## 면세 쇼핑

면세점이 어디 있죠?
Where are the duty-free shops?

친구들 줄 선물을 고르는 중인데요.
I'm looking for gifts for my friends.

부모님께 드릴 것을 원하는데요.
I'd like something for my parents.

여동생 줄 향수를 찾는데요.
I'm looking for some perfume for my sister.

호주산 물건을 사고 싶은데요.
I'd like to buy something made in Australia.

뭐 좀 추천해주시겠어요?
Can you recommend anything?

이거 이탈리아산인가요?
Are these made in Italy?

여기 독일산 제품으로 뭐가 있죠?
What are the German made products here?

## ● 여행영어 표현사전

이건 뭐할 때 쓰는 건가요?
What is this for?

여기 있는 이것들은 무엇인가요?
What are these over here?

더 저렴한 건 없나요?
Do you have anything cheaper?

여권 좀 보여주시겠습니까?
May I see your passport, please?

미화로 계산해도 되나요?
Can I pay in US dollars?

그게 미화로는 얼마죠?
How much is that in US dollars?

총액은 53달러 99센트입니다.
The total comes to $53.99.

면세 되나요?
Is it tax-free?

저에게 쿠폰이 있어요.
I've got a coupon.

이 쿠폰 쓸 수 있나요?
Can I use this coupon?

그거 선물 포장 좀 해주시겠어요?
Could you gift-wrap it, please?

부록 ★ 어디를 떠나도 자신있는 이보영의 여행영어회화
**EBY's Special Handy Book**

# SURVIVAL GRAPHIC GUIDE

여권번호

항공권번호

항공권편명

여행중인 나라의 한국대사관 전화번호

어디를 떠나도 자신있는

이보영의 여행영어회화

EBY's Special Handy Book

# SURVIVAL GRAPHIC GUIDE

## 차례

### 이것만 알아도 목적지에 간다!

### 기내에서
**최고빈도 필수표현** • 6
- 저 ○○ 좀 주실래요? Can I get ____? • 8
- ○○ 좀 해주실래요? Could you ____? • 11
- 저 ○○ 하는 방법을 모르겠어요. I don't know how to ____. • 11

### 현지 공항에서 환승·입국하기
**최고빈도 필수표현** • 12
- ○○이 어디에요? Where is the ____? • 14
- 저 ○○ 좀 주세요. Can I have ____? • 16
- 저 ○○하려고 왔습니다. I'm here ____. • 16

### 이것만 알아도 잠은 잔다!

### 숙소 체크인·체크아웃하기
**최고빈도 필수표현** • 17
- ○○주세요. I'd like a ____. • 19
- ○○이 어디에 있나요? Where is the ____? • 19
- 방에 ○○이 있나요? Does the room have ____? • 20

### 숙소 서비스 이용하기
**최고빈도 필수표현** • 21
- ○○이 있나요? Is there ____? • 22
- ○○는 어떻게 하나요? How can I ____? • 23
- 저 ○○ 좀 주실래요? Can I get ____? • 24

### 숙소에서 문제가 발생했을 때
**최고빈도 필수표현** • 25
- (방이) 너무 ○○해요. It's too ____. • 26

- 방에 ○○이 없어요./안 돼요./안 나와요. • 26
  There is no ____ in the room.
- ○○이 고장 났어요. The ____ doesn't work. • 27
- ○○이 안 돼요./ ○○을 못하겠어요. I can't ____. • 28

## 이것만 알아도 돌아는 다닌다!
### 길에서
**최고빈도 필수표현** • 29
- ○○이 어디인가요? Where is the/a/an ____? • 30
- 근처에 ○○가 있나요? Is there a/an ____ near here? • 31
- ○○에 어떻게 가야 하나요? • 32
  How can I get to the/a/an ____?

### 교통수단 이용하기
**최고빈도 필수표현** • 33
- ○○가 언제 출발[도착]해요? • 35
  What time does the ____ leave[arrive]?
- ○○로 가 주세요. Please take me to ____. • 35
- ○○에서 오른쪽[왼쪽]으로 도세요. • 36
  Please turn right[left] at the ____.

## 이것만 알아도 밥은 먹는다!
### 식당에서
**최고빈도 필수표현** • 37
- ○○로 주세요. I'd like a/an ____. • 38
- ○○로는 뭐가 있나요? What's for ____? • 39
- 음식이 ○○해요. It's ____. • 39
- ○○ 좀 주실래요? Can I have ____? • 40
- ○○는 빼주세요. No ____, please. • 42

### 대형마트에서
**최고빈도 필수표현** • 43
- ○○해 주실래요? Can you _____ (for me)? • 44
- ○○는 어디에 있나요? Where are[is] the _____? • 44

## 이것만 알아도 물건은 산다!
### 의류 관련 매장에서
**최고빈도 필수표현** • 47
- ○○이 어디인가요? Where is the _____? • 48
- ○○를 찾는데요. I'm looking for _____. • 48
- 다른 ○○ 있어요? Do you have any other _____? • 51
- 어떤 사이즈를 ○○세요? What size do you _____? • 51
- 너무 ○○해요. It's/They're too _____. • 51
- ○○으로 계산할게요. I'll pay in[by] _____. • 52
- ○○해도 되나요?/○○해주세요. Can I _____? • 52

### 기타 가게에서
**최고빈도 필수표현** • 53
- 가장 가까운 ○○이 어디 있어요? Where is the nearest _____? • 54
- ○○를 찾는데요. I'm looking for _____. • 55

## 이것만 알아도 관광은 한다!
### 관광지에서
**최고빈도 필수표현** • 57
- ○○이 어디예요? Where is the/a/an _____? • 58

### 공연장·극장에서
**최고빈도 필수표현** • 59
- 몇 시에 ○○하나요? What time does it _____? • 60
- ○○이 어디에요? Where is the/a/an _____? • 60

## 이것만 알아도 아무 문제 없다!

### 분실·도난을 당했을 때
**최고빈도 필수표현** • 61
- ○○이 어디예요? Where is the _____? • 62
- 제 ○○을 잃어버렸어요. I lost my _____. • 62
- 누가 제 ○○을 훔쳐갔어요. My _____ was/were stolen. • 63

### 은행·환전소에서
**최고빈도 필수표현** • 64
- A를 B로 바꾸는 데 환율이 어떻게 되나요? • 65
  What's the A/B rate?
- ○○해주시겠어요? Could you _____? • 65

### 몸이 아플 때
**최고빈도 필수표현** • 66
- 가장 가까운 ○○이 어디예요? • 67
  Where is the nearest _____?
- ○○에 걸렸어요./○○이 있어요. I have (a/an) _____. • 67
- ○○ 해요. I feel _____. • 68
- ○○가 아파요. My _____ hurts. • 68
- ○○에 통증이 있어요. I have a pain in my _____. • 69

## 이것만 알아도 집에 돌아간다!

### 현지 공항에서 출국·귀국하기
**최고빈도 필수표현** • 70
- ○○하고 싶은데요. I'd like to _____. • 71
- ○월 ○일로 바꾸고 싶은데요. • 71
  I'd like to change it to _____ _____.
- ○○ 할 수 있을까요? Could I _____? • 72
- 이것은 ○○입니다. This is[These are] _____. • 72

이것만 알아도 목적지에 간다 ❶
# 기내에서

### Where is my seat?
제 자리가 어디죠?

### Someone is in my seat.
누가 제 자리에 앉아 있어요.

### I believe the window[aisle] seat is mine.
죄송하지만 창가[통로] 쪽이 제 자리인 것 같은데요.

### Are there any other seats?
다른 좌석 있나요?

### Can I change seats?
저 자리 좀 바꿀 수 있을까요?

### May I go to the restroom now?
지금 화장실 가도 되나요?

### May I go through?
좀 지나가도 될까요?

### Please wake me up at mealtime.
식사 때 저 깨워주세요.

### May I recline my seat?
제 의자 좀 뒤로 젖혀도 될까요?

Please wake me for duty free.
면세품 판매할 때 저 깨워주세요.

Can I pay in Korean Won?
원화로 지불해도 되나요?

Could you take this away?
이것 좀 치워 주실래요?

Do you have a Korean paper?
한국어 신문이 있나요?

I feel like I'm going to throw up.
저 토할 것 같아요.

I have upset stomach.
속이 안 좋아요.

I have a headache.
머리가 아파요.

What's the local time in Paris?
지금 파리는 몇 시인가요?

What's our flight number?
저희 비행기 편명이 뭐죠?

What should I write here?
여기에는 뭘 써야 하죠?

# Can I get ☐ ?
저 ○○ 좀 주시겠어요?

|  **a headset** 헤드셋 |  **a blanket** 담요 |  **a pillow** 베개 |  **a newspaper** 신문 |
| --- | --- | --- | --- |
|  **a magazine** 잡지 |  **an amenity kit** 여행편의용품 |  **a toy for the kids** 아이들 장난감 | |
|  **a damp towel** 물수건 |  **some water** 물 |  **a Coke** 콜라 |  **a Sprite** 사이다 |
|  **some coffee** 커피 |  **some tea** 차 |  **some green tea** 녹차 | |

# Can I get ⬜ ?
저 ○○ 좀 주시겠어요?

**some orange juice**
오렌지 주스

**some tomato juice**
토마토 주스

**a beer**
맥주

**some wine**
와인

**some peanuts**
땅콩

**some napkins**
휴지

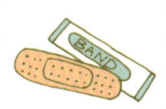
**a band aid**
반창고

**a bandage**
붕대

**an aspirin**
아스피린

**an eye mask**
안대

**an airsickness bag**
멀미봉투

**a pair of slippers**
슬리퍼

# Can I get ?
저 ○○ 좀 주시겠어요?

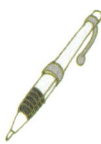
**a pen**
펜

**a perfume**
향수

**a sunblock lotion**
자외선 차단제

**a mascara**
마스카라

**a lipstick**
립스틱

**a cleansing foam**
클렌징폼

**a bottle of whiskey**
양주 한 병

**a carton of cigarettes**
담배 한 보루

**a box of chocolates**
초콜릿 한 상자

**an entry card**
입국신고서

**a custom form**
세관신고서

# Could you ⬚ ?

○○ 좀 해주실래요?

| take this away<br>이것을 치우다 | put your seat upright<br>당신의 의자를 앞으로 세우다 |
| --- | --- |
| hang my jacket on<br>내 재킷을 걸다 | turn off the light<br>등을 끄다 |
| show me how to fill out this form<br>이 양식을 작성하는 법을 알려주다 | check my entry card<br>내 입국신고서를 봐주다 |

# I don't know how to ⬚ .

저 ○○하는 방법을 모르겠어요.

| use this<br>이것을 사용하다 | do this<br>이것을 작동하다 |
| --- | --- |
| fill this out<br>이것을 작성하다 | fill out this form<br>이 양식을 작성하다 |
| turn this on<br>이것을 켜다 | turn this off<br>이것을 끄다 |
| open this<br>이것을 열다 | close this<br>이것을 닫다 |

## 이것만 알아도 목적지에 간다 ❷
# 현지 공항에서 환승·입국하기

I have to take a connecting flight.
저 비행기를 갈아타야 하는데요.

I'm a transit passenger for Barcelona.
저는 바르셀로나행 환승객입니다.

Which gate should I go to?
몇 번 게이트로 가야 하나요?

What time does boarding begin?
탑승은 몇 시에 시작하나요?

Where can I confirm my flight?
제가 탈 항공편을 어디에서 확인하죠?

I missed my connecting flight.
갈아 탈 비행기를 놓쳤어요.

When is the next available flight?
다음 비행기는 언제 오나요?

Can I fly on another airline?
다른 항공사 비행기를 탈 수 있을까요?

Are there any duty-free shops?
면세점이 있나요?

I'm from Korea.
한국에서 왔습니다.

I'll be staying at the Sheraton Hotel in the city.
시내에 있는 쉐라톤 호텔에서 묵습니다.

This is my first visit.
이번이 첫 번째 방문입니다.

I can't find my luggage.
제 짐을 못 찾겠어요.

This is my baggage claim tag.
여기 제 수화물 보관증입니다.

Will you call for an airline's clerk?
항공사 직원 좀 불러주시겠어요?

Please send it to my hotel.
제 호텔로 보내주세요.

Please call me at this number.
이 번호로 연락주세요.

Those are my personal belongings.
제 개인용품들뿐입니다.

May I close my bag now?
이제 제 가방을 닫아도 될까요?

# Where is the ☐ ?
○○이 어디에요?

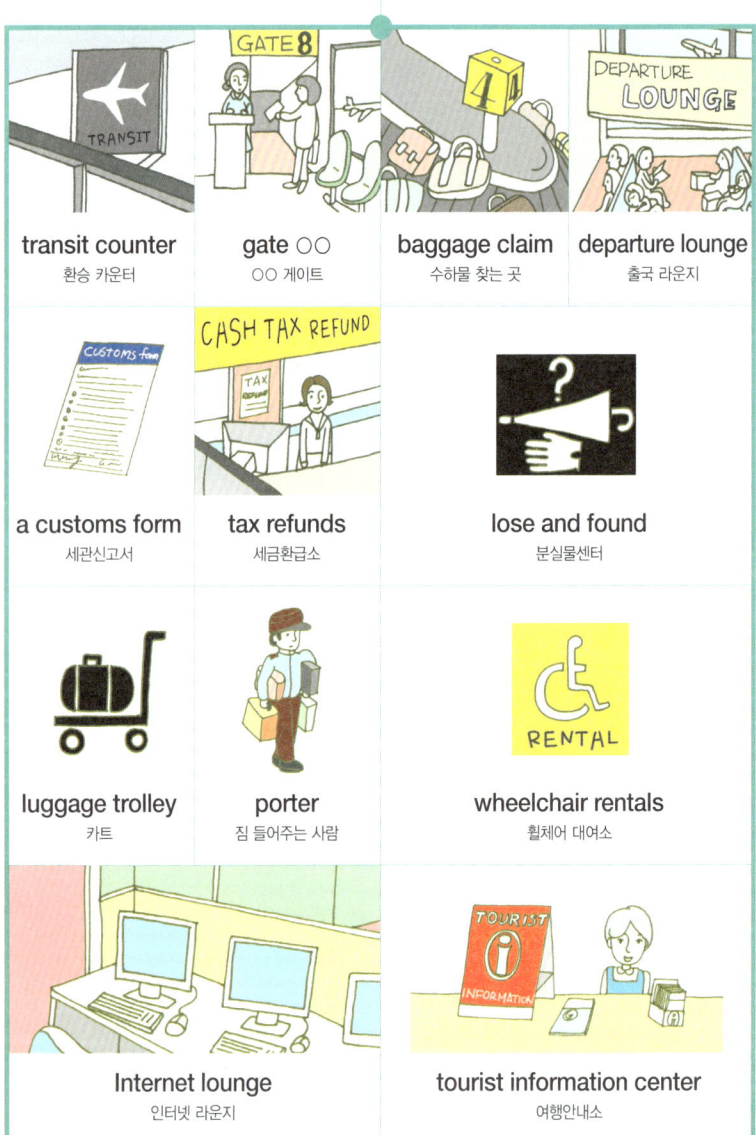

# Where is the ☐ ?
○○이 어디에요?

| | | |
|---|---|---|
|  **ATM** 자동인출기 |  **car rentals** 차량 대여 |  **self check-in kiosk** 셀프 체크인 키오스크 |
|  **restaurant** 식당 |  **café** 카페 |  **convenience store** 편의점 |
| **nursery** 유아 휴게실 | 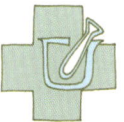 **drugstore** 약국 |  **money exchange** 환전소 |
|  **bus stop** 버스 정류장 |  **taxi stand** 택시 정류장 |  **subway station** 지하철역 |

# Can I have ⬚ ?
저 ○○ 좀 주세요.

| a city map | a bottle of water |
| --- | --- |
| 시내 지도 | 물 한 병 |

# I'm here ⬚ .
저 ○○하려고 왔습니다.

| for sightseeing | for traveling |
| --- | --- |
| 관광 | 여행 |
| **on vacation** | **to study** |
| 휴가 | 공부 |
| **on business** | **to visit my relatives** |
| 업무 | 친척 방문 |

### 이것만 알아도 잠은 잔다 ❶
# 숙소 체크인·체크아웃하기

I'd like to reserve a room, please.
예약 좀 하려고요.

I'd like to check-in, please.
저 체크인 하려고요.

I have a reservation.
예약되어 있습니다.

I have a reservation under the name of ○○○.
○○○라는 이름으로 예약했습니다.

I'd like to confirm my reservation.
예약을 확인하고 싶습니다.

Would you repeat that, please?
다시 한번 말씀해주시겠습니까?

Do you have any vacancies?
빈방 있어요?

What's the room rate?
객실 요금이 어떻게 되죠?

Which floor is it on?
그게 몇 층에 있죠?

What time is check-out?
체크아웃 시간이 몇 시에요?

I'd like to check-out, please.
저 체크아웃하려고요.

Can I get a discount?
할인 되나요?

What is this charge for?
이건 무슨 비용이죠?

There is a mistake on the bill.
계산서에 뭐가 잘못된 거 같네요.

Can I stay here one more night?
하루 더 묵을 수 있을까요?

Please have my luggage brought down.
제 짐 좀 내려다 주세요.

I'd like to pay the bill.
계산할게요.

Can I use my credit card?
신용카드 써도 될까요?

# I'd like a _____.
○○주세요.

| | |
|---|---|
| **single room**<br>1인용 침대가 한 개 있는 1인실 | **twin room**<br>1인용 침대가 두 개 있는 2~4인실 |
| **double room**<br>2인용 침대가 한 개 있는 2인실 | **room with a king-sized bed**<br>킹사이즈 침대가 한 개 있는 방 |
| **suite**<br>스위트룸 | **room with a good view**<br>전망 좋은 방 |

# Where is the _____?
○○이 어디에 있나요?

| | | | |
|---|---|---|---|
| **lobby**<br>로비 | **front desk**<br>프런트 데스크 | **public phone**<br>공중전화 | **restaurant**<br>식당 |
| **bellboy**<br>벨보이 | **elevator**<br>엘리베이터 | **escalator**<br>에스컬레이터 | **restroom**<br>화장실 |

# Does the room have _____?
방에 ○○이 있나요?

| | | | |
|---|---|---|---|
| **a shower** 샤워 시설 | **a bathtub** 욕조 | **an air conditioner** 에어컨 | |
| **a blow dryer** 헤어드라이기 | **slippers** 슬리퍼 | **a bath robe** 목욕가운 | **a heater** 난방 |
| **an in-room safe** 객실 내 금고 | **a ceiling fan** 천장에 달린 팬 | **an iron and a board** 다리미와 다리미판 | |
| **a mini bar** 미니바 | **a kettle** 전기 주전자 | **a coffee maker** 커피메이커 | **an extra bed** 여분의 침대 |

### 이것만 알아도 잠은 잔다 ❷
# 숙소 서비스 이용하기

### I wonder if you could help me.
부탁 좀 드릴까 하는데요.

### Can I leave valuables here?
여기에 귀중품 좀 맡길 수 있을까요?

### Could you call a taxi for me?
저 택시 좀 불러주시겠어요?

### Does anyone here speak Korean?
여기 한국어 할 줄 아는 분 계세요?

### Could you please make up my room?
방 청소 좀 해주시겠습니까?

### Can I leave my bags until tonight?
오늘 밤까지 가방들을 좀 맡겨놔도 될까요?

### Can I get free Wifi in my room?
제 방에서 와이파이를 쓸 수 있을까요?

### How can I use free Wifi service here?
여기는 와이파이를 어떻게 쓰나요?

### Can I have the name and password for the Wifi?
와이파이 이름과 비밀번호 좀 알려주시겠어요?

# Is there ?
○○이 있나요?

**a restaurant**
식당

**a bar**
술집

**a coffee shop**
커피숍

**a fitness room**
헬스장

**a laundry**
세탁소

**a beauty salon**
미용실

**a sauna**
사우나

**a gift shop**
선물 가게

**a swimming pool**
수영장

**a childcare center**
탁아소

**Internet lounge**
인터넷 라운지

**a smoking area**
흡연 구역

## Is there ☐ ?
○○이 있나요?

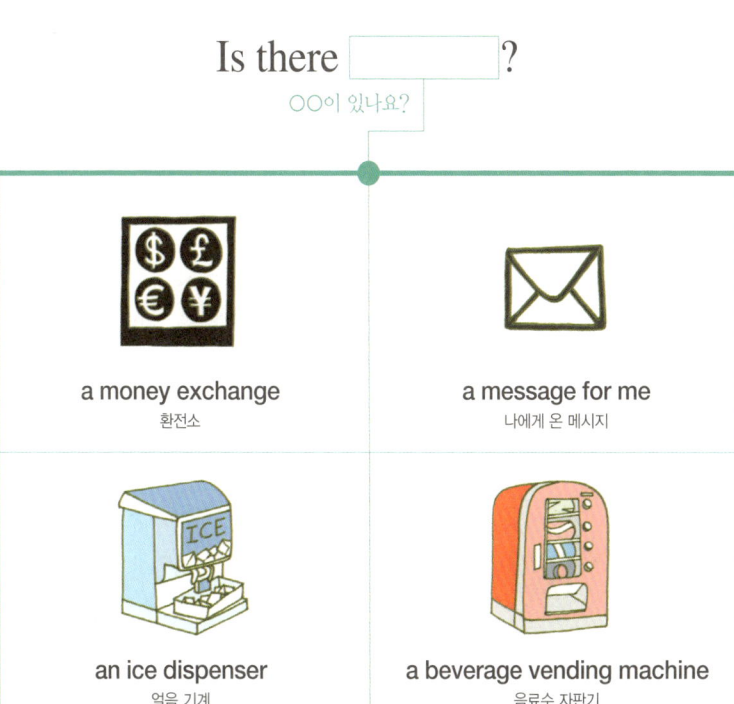

| | |
|---|---|
| **a money exchange**<br>환전소 | **a message for me**<br>나에게 온 메시지 |
| **an ice dispenser**<br>얼음 기계 | **a beverage vending machine**<br>음료수 자판기 |

## How can I ☐ ?
○○는 어떻게 하나요?

| | |
|---|---|
| **make a local call**<br>시내 통화 | **make a long distance call**<br>장거리 전화 |
| **make an international call**<br>국제 전화 | **get Internet access**<br>인터넷 연결 |
| **access free Wifi**<br>무료 와이파이 연결 | **adjust the room temperature**<br>방 온도 조절 |

# Can I get ⬚ ?

저 ○○ 좀 주실래요?

**my room key**
방 열쇠

**more towels**
여분의 타월

**a smartphone battery charger**
스마트폰 충전기

**an extra blanket**
여분의 담요

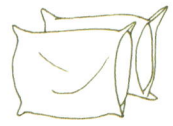
**an extra pillow**
여분의 베개

**an extra bed**
여분의 침대

**a baby crib**
아기 침대

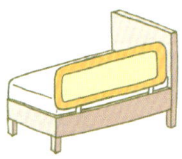
**a bed guard[rail]**
침대 안전 가드

**a weather forecast**
일기 예보

**a hotel business card**
호텔 명함

### 이것만 알아도 잠은 잔다 ❸
# 숙소에서 문제가 발생했을 때

I lost my key.
제 열쇠를 잃어버렸는데요.

There is a problem with my room.
제 방에 문제가 생겼습니다.

The toilet is clogged.
변기가 막혔어요.

The toilet won't flush.
변기 물이 안 내려가요.

Could you fix it?
고쳐주실 수 있으세요?

There is a bad smell in the room.
방에서 냄새가 나네요.

Can I change to another room?
다른 방으로 옮길 수 있을까요?

## It's too ☐.
(방이) 너무 ○○해요.

| cold<br>추운 | hot<br>더운 | noisy<br>시끄러운 |
|---|---|---|
| dry<br>건조한 | damp<br>꿉꿉한 | dark<br>어두운 |
| bright<br>밝은 | dirty<br>더러운 | small<br>작은 |

## There is no ☐ in the room.
방에 ○○이 없어요/ 안 돼요/ 안 나와요.

| hot water<br>온수 | cold water<br>냉수 | drinking water<br>식수 | electricity<br>전기 |
|---|---|---|---|
| air conditioning<br>냉방 | heater<br>난방 | soap<br>비누 | towel<br>수건 |

# The ☐ doesn't work.
○○이 고장 났어요.

| | | | |
|---|---|---|---|
|  **TV** 텔레비전 | 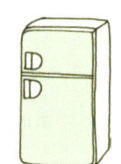 **refrigerator** 냉장고 |  **air conditioner** 에어컨 |  **heater** 난방 |
| 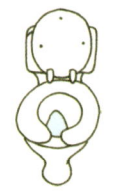 **toilet** 변기 |  **faucet** 수도꼭지 |  **shower** 샤워기 |  **blow dryer** 헤어드라이기 |
|  **alarm clock** 알람시계 | 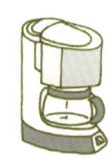 **coffee maker** 커피메이커 | 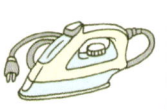 **iron** 다리미 | 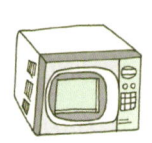 **microwave oven** 전자레인지 |
|  **in-room safe** 객실 내 금고 |  **light** 등 |  **remote control** 리모컨 |  **telephone** 전화기 |

# I can't _____.
○○이 안 돼요./○○을 못하겠어요.

| | |
|---|---|
| **open the window[door]**<br>창문[문]을 열다 | **close the window[door]**<br>창문[문]을 닫다 |
| **turn on the TV**<br>TV를 켜다 | **turn off the TV**<br>TV를 끄다 |
| **start the air conditioner**<br>에어컨을 켜다 | **use the air conditioner**<br>에어컨을 사용하다 |
| **make a phone call**<br>전화를 걸다 | **access the Internet[Wifi]**<br>인터넷[와이파이]를 연결하다 |
| **set the alarm**<br>알람을 맞추다 | **use the vending machine**<br>자판기를 사용하다 |

- 〈I don't know how to ____. 어떻게 ○○하는지 모르겠어요.〉와 함께 사용할 수 있다.

이것만 알아도 돌아는 다닌다 ❶
# 길에서

I'm lost.
저 길을 잃었어요.

Where are we?
여기가 어디인가요?

Can I ask for some directions?
길 좀 여쭤봐도 될까요?

How long does it take?
얼마나 걸리나요?

Can I walk there from here?
여기서 거기까지 걸어갈 수 있을까요?

Could you show me on this map?
거기가 이 지도상에서 어디인가요?

Could you please write it down here?
여기에 좀 적어 주시겠어요?

I'm a stranger here myself.
저도 여기 처음이라 잘 몰라요.

# Where is the/a/an ☐ ?
○○이 어디인가요?

| | | | |
|---|---|---|---|
| **bus stop** 버스 정류장 | **taxi stand** 택시 정류장 | **subway station** 지하철역 | **train station** 기차역 |
| **newsstand** 신문가판대 | **bar** 술집 | **café** 카페 | **convenience store** 편의점 |
| **discount store** 할인매장 | **mall** 상가 | **souvenir shop** 기념품 가게 | **department store** 백화점 |
| **restaurant** 식당 | **lunch place** 점심 식당 | **cafeteria** 셀프서비스 식당 | **fast food restaurant** 패스트푸드 레스토랑 |

■ 〈Is there a/an ____ near here? 근처에 ○○가 있나요?, How can I get to the/a/an ____ ? ○○에 어떻게 가야 하나요?〉와 함께 사용할 수 있다.

# Is there a/an _____ near here?
근처에 ○○가 있나요?

| bank 은행 | post office 우체국 | hospital 병원 | drugstore 약국 |
| money exchange 환전소 | bookstore 서점 | museum 박물관 | movie theater 극장 |
| historical building 역사적 건물 | square 광장 | fountain 분수 | concert hall 콘서트홀 |
| city hall 시청 | convention center 컨벤션센터 | casino 카지노 | spa 스파 |

# How can I get to the/a/an ☐ ?
○○에 어떻게 가야 하나요?

- outlet mall 아울렛몰
- showplace 공연장
- art museum 미술관
- opera house 오페라하우스
- ○○○ hotel ○○○ 호텔
- ○○○ bridge ○○○ 다리
- ○○○ tower ○○○ 타워
- ○○○ building ○○○빌딩
- ○○○ street ○○○가
- ○○○ cathedral ○○○성당
- park 공원
- amusement park 놀이공원
- beach 해변
- ticket office 매표소
- bakery 빵집
- grocery store 식료품점

■ 〈Is there a/an ____ near here? 근처에 ○○가 있나요?. Where is the/a/an ____? ○○이 어디인가요?〉와 함께 사용할 수 있다.

## 이것만 알아도 돌아는 다닌다 ❷
# 교통수단 이용하기

Which bus goes to ○○?
몇 번 버스가 ○○에 가나요?

Does this bus go to ○○?
이 버스가 ○○에 가나요?

How often does the bus[subway/train] come?
버스[전철/기차]가 몇 분마다 와요?

Where can I get a taxi?
택시 타는 곳이 어디에요?

Just let me out here.
그냥 여기서 내려주세요.

Take me to the nearest subway station.
가장 가까운 지하철역으로 가주세요.

How much will it take to get there?
거기까지 가는데 얼마나 걸릴까요?

Keep the change.
거스름돈은 가지세요.

Where can I buy a ticket?
표는 어디에서 사죠?

Can I get a ○○ map?
○○ 지도를 얻을 수 있을까요?

Which line goes to ○○?
몇 호선이 ○○에 가나요?

Which train is the fastest to ○○?
○○까지 가는 가장 빠른 기차가 뭐에요?

How much is it to ○○?
○○까지는 얼마죠?

Which stop should I get off at?
어느 버정류장에서 내려야 하나요?

Which line should I change to?
몇 호선으로 갈아타야 하죠?

How many stops to ○○?
○○까지는 몇 정거장을 가야 하나요?

How far from here to ○○?
여기서 ○○까지 얼마나 멀어요?

Is this seat taken?
여기 자리 있나요?

Can I park here?
여기에 주차해도 되나요?

# What time does the ☐ leave [arrive]?

○○가 언제 출발[도착]해요?

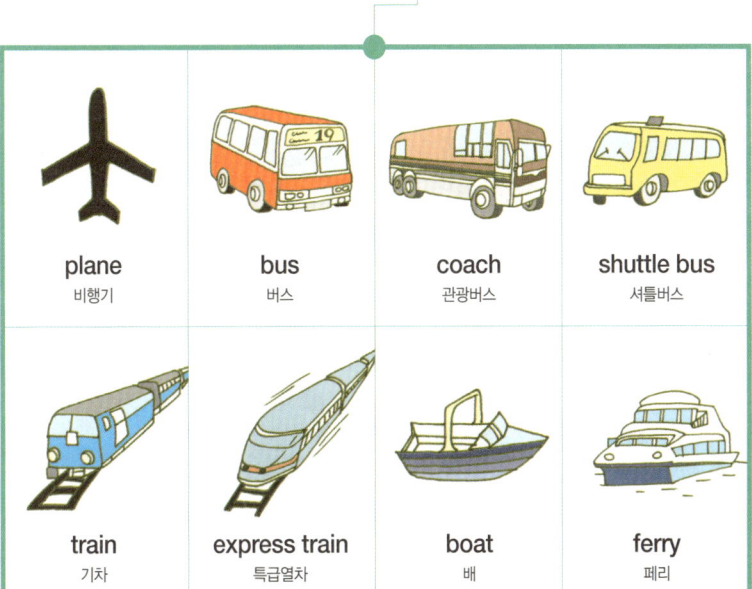

| plane<br>비행기 | bus<br>버스 | coach<br>관광버스 | shuttle bus<br>셔틀버스 |
| --- | --- | --- | --- |
| train<br>기차 | express train<br>특급열차 | boat<br>배 | ferry<br>페리 |

# Please take me to ☐.

○○로 가 주세요.

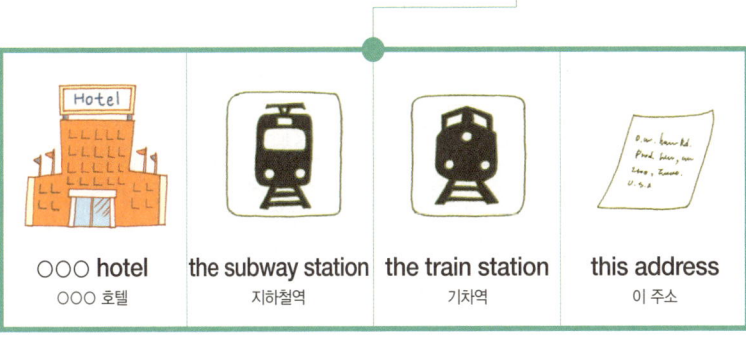

| ○○○ hotel<br>○○○ 호텔 | the subway station<br>지하철역 | the train station<br>기차역 | this address<br>이 주소 |
| --- | --- | --- | --- |

# Please turn right [left] at the ☐.
○○에서 오른쪽[왼쪽]으로 도세요.

| crosswalk 횡단보도 | traffic light 신호등 | corner 모퉁이 | intersection 교차로 |
| bus stop 버스 정류장 | subway station 지하철역 | public phone 공중전화 | street sign 도로표지판 |
| parking meter 주차요금기 | newsstand 신문가판대 | streetlight 가로등 | gas station 주유소 |
| drugstore 약국 | police station 경찰서 | end of the ramp 진입로 끝 | |

이것만 알아도 밥은 먹는다 ❶
# 식당에서

### How long is the wait for two people?
두 명 자리는 얼마나 기다려야 하죠?

### I'm expecting someone.
일행이 또 올 겁니다.

### Can I order now?
지금 주문해도 될까요?

### What's good today?
오늘은 뭐가 괜찮은가요?

### What's the special of the day?
오늘의 특별요리는 뭐에요?

### Do you have any recommendations?
추천 좀 해주시겠어요?

### I'll have what they're having.
저 사람들 먹는 걸로 주세요.

### How long does this take?
이거 얼마나 걸리죠?

### What kind of dish is this?
이건 어떤 요리인가요?

Could you recommend a good wine for this dish?
이 음식에 어울리는 와인 좀 추천해 주실래요?

Could you clear the table, please?
테이블 좀 정리해 주실래요?

I want to take this away, please.
이것 좀 싸주실래요?

This isn't what I ordered.
이거 제가 주문한 게 아닌데요.

Do I pay here?
계산은 여기서 하나요?

I'd like a/an _____.
○○로 주세요.

| non-smoking seat<br>금연석 | smoking seat<br>흡연석 |
|---|---|
| seat by the window<br>창가 쪽 좌석 | seat away from the door<br>문에서 먼 좌석 |
| outside table<br>야외 테이블 | table for two<br>2인석 |

# What's for ☐ ?
○○로는 뭐가 있나요?

| | | |
|---|---|---|
| **breakfast**<br>아침식사 | **brunch**<br>아침 겸 점심 | **lunch**<br>점심식사 |
| **dinner**<br>저녁식사 | **appetizer**<br>전체요리 | **dessert**<br>디저트 |
| **drinks**<br>음주류 | **vegetarian**<br>채식주의자(를 위한 것) | **kids**<br>아이들(을 위한 것) |

# It's ☐ .
음식이 ○○해요.

| | | |
|---|---|---|
| **good**<br>맛있는 | **tasty**<br>맛있는 | **cold**<br>차가운 |
| **hot**<br>뜨거운[매운] | **spicy**<br>매운 | **salty**<br>짠 |
| **sweet**<br>단 | **greasy**<br>느끼한[기름진] | **tough**<br>질긴 |
| **tender**<br>연한 | **tasteless**<br>아무 맛도 안 나는 | **burnt**<br>탄 |

# Can I have <u>        </u> ?

○○ 좀 주실래요?

|  **a menu** 메뉴판 | **a spoon** 수저 |  **a fork** 포크 |  **a knife** 나이프 |
|---|---|---|---|
|  **chopsticks** 젓가락 | **a high chair** 어린이용 의자 | **napkins** 냅킨 |  **a straw** 빨대 |
|  **a damp towel** 물수건 |  **another plate** 빈 접시 |  **a glass** 잔 |  **a cup** 컵 |

**a glass of water**
물 한잔

**a cup of coffee**
커피 한 잔

# Can I have ☐ ?
○○ 좀 주실래요?

| | | | |
|---|---|---|---|
|  **some sugar** 설탕 |  **some salt** 소금 |  **some pepper** 후추 |  **some dressing** 드레싱 |
|  **draft beer** 생맥주 |  **bottled beer** 병맥주 |  **some soy sauce** 간장 | |
|  **canned beer** 캔맥주 |  **soft drink** 청량음료 |  **decaffeinated coffee** 디카페인 커피 | |
|  **some wine** 와인 |  **dessert** 후식 |  **a doggie bag** 남은 음식을 담아갈 봉투 | |

41

# Can I have ⬚ ?
○○ 좀 주실래요?

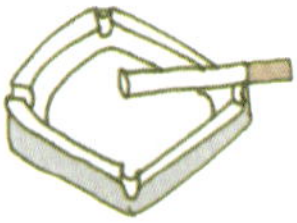

| | | | |
|---|---|---|---|
| **an ashtray** 재떨이 | **a toothpick** 이쑤시개 | **the bill** 계산서 | **a receipt** 영수증 |

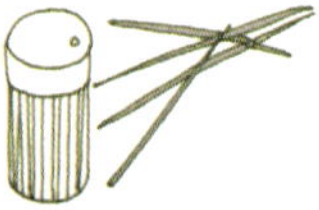

# No ⬚, please.
○○는 빼주세요.

| | | | |
|---|---|---|---|
| **mayo** 마요네즈 | **ketchup** 케첩 | **ice** 얼음 | **onions** 양파 |
| **mustard** 겨자 | **salt** 소금 | **syrup** 시럽 | **cream** 크림 |

이것만 알아도 밥은 먹는다 ❷
# 대형마트에서

What aisle is the ○○ on?
○○은 몇 번 통로에 있나요?

---

What time do you open?
몇 시에 개장해요?

---

When do you close?
언제 문 닫아요?

---

Are you in line?
줄 서신 거에요?

---

Can I use this coupon?
이 쿠폰 사용할 수 있나요?

---

I'd like some plastic bags, please.
저 비닐봉투 좀 주세요.

---

I think the total is wrong.
계산금액이 틀린 것 같아요.

# Can you ▢ (for me)?
○○해 주실래요?

| | |
|---|---|
| **take (something) down**<br>(무엇을 (위해서) 내리다 | **scan the price**<br>가격을 알아보다 |
| **return (something) to the shelf**<br>(무엇)을 다시 선반에 갖다 놓다 | **call the manager**<br>책임자를 부르다 |
| **change this into coins**<br>(이것)을 동전으로 바꾸다 | **break this into smaller notes**<br>(이것)을 적은 액수의 지폐로 바꾸다 |
| **cut off the tags**<br>가격표를 떼다 | **double check**<br>다시 한번 확인하다 |

# Where are [is] the ▢?
○○는 어디에 있나요?

| shopping carts | shopping baskets | elevator | escalator |
|---|---|---|---|
| 쇼핑 카트 | 쇼핑 바구니 | 엘리베이터 | 에스컬레이터 |

# Where are [is] the ☐ ?
○○는 어디에 있나요?

| | | | |
|---|---|---|---|
| **fruit** 과일 | **meat** 육류 | **vegetables** 채소 | **grain** 곡류 |
| **seafood** 해산물 | **dairy products** 유제품 | **milk** 우유 | **frozen foods** 냉동식품 |
| **canned goods** 통조림 | **deli counter** 조제식품 코너 | **pasta** 파스타 | **snacks** 과자류 |
| **sauces** 소스류 | **baked goods** 구운 제품 | **bakery goods** 빵류 | **ice cream** 아이스크림 |

# Where are [is] the ☐ ?

○○는 어디에 있나요?

| | | | |
|---|---|---|---|
| **beverages** 음료 | **alcoholic drinks** 주류 | **pet food** 애견 사료 | **imported goods** 수입품 |
| **household items** 가사 용품 | **baby products** 아기 용품 | **dry fruits** 말린 과일 | **freezer** 냉동실 |
| **detergent** 세제 | **electronics** 가전제품 | **furniture** 가구 | **Korean food** 한국 음식 |
| **scale** 저울 | **plastic bag** 비닐봉지 | **cashier** 계산원 | **checkout counter** 계산대 |

## 이것만 알아도 물건은 산다 ❶
# 의류 관련 매장에서

### What are your store's hours?
여기 영업시간이 어떻게 돼요?

### I'm just looking.
저 그냥 구경하는 거에요.

### Do you have any others?
다른 건 없나요?

### My size is ○○.
제 사이즈는 ○○이에요.

### It doesn't fit.
안 맞아요.

### How much is this?
이거 얼마에요?

### Can you write down the price?
가격을 적어주실래요?

### What is your return policy?
환불 제도가 어떻게 되나요?

### I'll take [buy] it.
그것으로 할게요[살게요].

# Where is the ☐ ?
○○이 어디인가요?

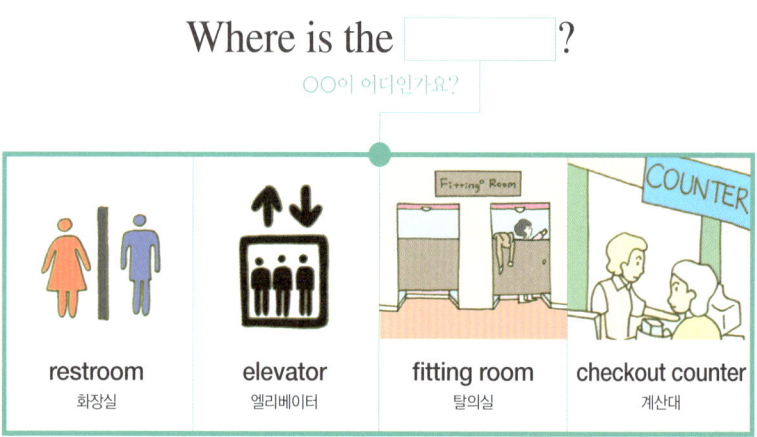

| restroom | elevator | fitting room | checkout counter |
| 화장실 | 엘리베이터 | 탈의실 | 계산대 |

# I'm looking for ☐ .
○○를 찾는데요.

|  a skirt |  a dress |  a mini skirt |  a blouse |
| 치마 | 원피스 | 미니스커트 | 블라우스 |
|  a T-shirt | 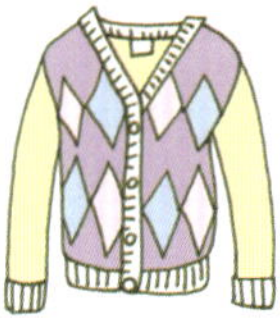 a cardigan |  a jacket | 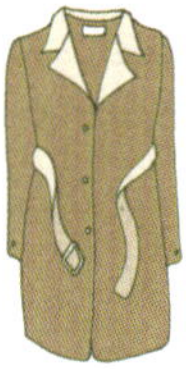 a coat |
| 티셔츠 | 가디건 | 재킷 | 코트 |

# I'm looking for ☐.

○○를 찾는데요.

| | | | |
|---|---|---|---|
| **a jumper** 점퍼 | **a shirt** 셔츠 | **a sweater** 스웨터 | **a vest** 조끼 |
| **pants** 바지 | **shorts** 반바지 | **overalls** 멜빵바지 | **jeans** 청바지 |
| **a suit** 정장 | **a long sleeve shirt** 긴팔 셔츠 | **a short sleeve shirt** 반팔 셔츠 | **a turtleneck sweater** 터틀넥 스웨터 |
| **a sweatshirt** 운동복 상의 | **a swimsuit** 수영복 | **pajamas** 잠옷 | **underwears** 속옷 |

# I'm looking for _____.
○○를 찾는데요.

| **a tie** 넥타이 | **a scarf** 스카프/목도리 | **a belt** 벨트 | **gloves** 장갑 |
| **a hat** 모자 | **a cap** 야구모자 | **shoes** 구두 | **sandals** 샌들 |
| **loafers** 로퍼 | **slippers** 슬리퍼 | **sneakers** 운동화 | **thongs** 쪼리 |
| **high heel shoes** 하이힐 구두 | **boots** 부츠 | **socks** 양말 | **tights** 스타킹 |

# Do you have any other ☐ ?
다른 ○○ 있어요?

| color | size | brand |
|---|---|---|
| 색상 | 사이즈 | 상표 |
| grade | model | design |
| 등급 | 모델 | 디자인 |

# What size do you ☐ ?
무슨 사이즈를 ○○하세요.

| wear | want | need |
|---|---|---|
| 입다 | 원하다 | 필요하다 |

# It's/They're too ☐ .
너무 ○○해요.

| long | short | big |
|---|---|---|
| 긴 | 짧은 | 큰 |
| small | tight | loose |
| 작은 | 꽉 낀 | 헐렁한 |
| expensive | dark | old |
| 비싼 | 짙은 | 낡은 |
| dirty | thin | thick |
| 더러운 | 얇은 | 두꺼운 |

# I'll pay in [by] _____.

○○으로 계산할게요.

**cash**
현금

**check**
수표

**credit card**
신용카드

**gift certificate**
상품권

**US dollar**
미화

**Korean won**
원화

**Euro**
유로화

**Japanese yen**
일본 엔화

# Can I _____ ?

○○해도 되나요? / ○○해주세요.

| | |
|---|---|
| **try it on**<br>그것을 입어 보다 | **exchange this for another one**<br>이것을 다른 것으로 교환하다 |
| **get it gift-wrapped**<br>그것을 선물 포장하다 | **take a look at it**<br>그것을 좀 보다 |
| **return this**<br>이것을 환불하다 | **get a receipt**<br>영수증을 받다[얻다] |
| **get a discount on this**<br>이것을 깎아 주다 | **get a shopping bag**<br>쇼핑백을 얻다 |

## 이것만 알아도 물건은 산다 ❷
# 기타 가게에서

**What is this for?**
이건 뭐할 때 쓰는 건가요?

**The price is too high.**
가격이 너무 비싸요.

**Can I pay in Korean won?**
원화로 지불해도 되나요?

**Do you take credit card?**
신용카드 되나요?

**How much is this in US dollars?**
이게 미화로는 얼마예요?

**Can you recommend anything?**
뭐 좀 추천해주시겠어요?

**Is it a tax-free?**
그게 면세 되는 거죠?

**I've got a coupon.**
저 쿠폰 있어요.

**Where can I make a return?**
환불은 어디에서 하죠?

# Where is the nearest ☐?

세일 가까운 ○○이 어디있어요?

| | | | |
|---|---|---|---|
| department store 백화점 | market 시장 | flea market 벼룩시장 | convenience store 편의점 |
| newsstand 신문가판대 | bookstore 서점 | drugstore [pharmacy] 약국 | optician's (shop) 안경점 |
| shoe shop 신발 가게 | clothing store 옷 가게 | dry cleaner's 세탁소 | hairdressing salon 미용실 |
| camera shop 카메라 가게 | music shop 음반 가게 | craft shop 공예품 가게 | antique shop 골동품 가게 |

# Where is the nearest ☐ ?
제일 가까운 ○○이 어디있어요?

| souvenir shop | stationery store | supermarket | travel agency |
| 기념품 가게 | 문구점 | 슈퍼마켓 | 여행사 |

# I'm looking for ☐ .
○○를 찾는데요.

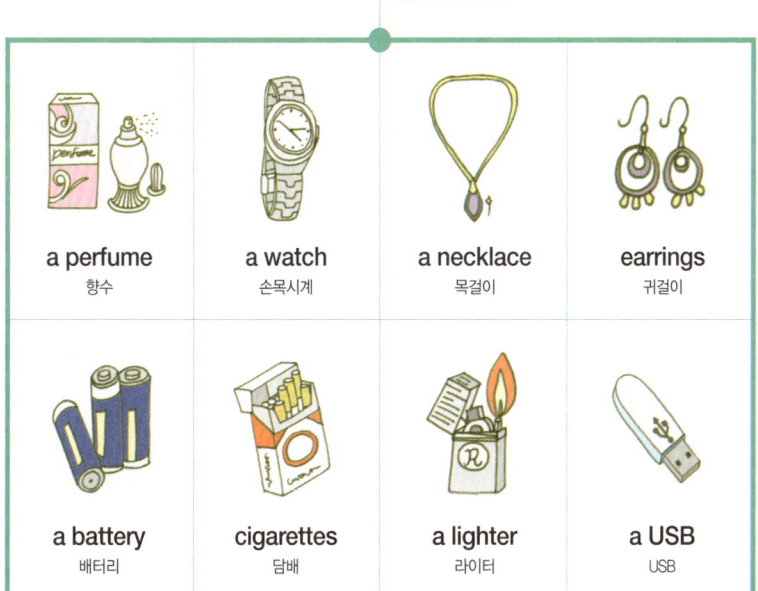

| a perfume | a watch | a necklace | earrings |
| 향수 | 손목시계 | 목걸이 | 귀걸이 |
| a battery | cigarettes | a lighter | a USB |
| 배터리 | 담배 | 라이터 | USB |

# I'm looking for _____.
○○를 찾는데요.

### 이것만 알아도 관광은 한다 ❶
# 관광지에서

## Where's a good place for sightseeing?
관광하기 좋은데가 어디예요?

## What kinds of tours are there?
어떤 관광이 있습니까?

## Do I need a reservation?
예약이 필요합니까?

## How long will we stop here?
여기에서 얼마나 머뭅니까?

## Is it within walking distance?
거기까지 걸어서 갈 수 있나요?

## Can I take pictures in here?
여기서 사진 찍어도 되나요?

## Would you mind taking a picture of me?
제 사진 좀 찍어주실래요?

## Where can I wash my hands?
화장실은 어디 있습니까?

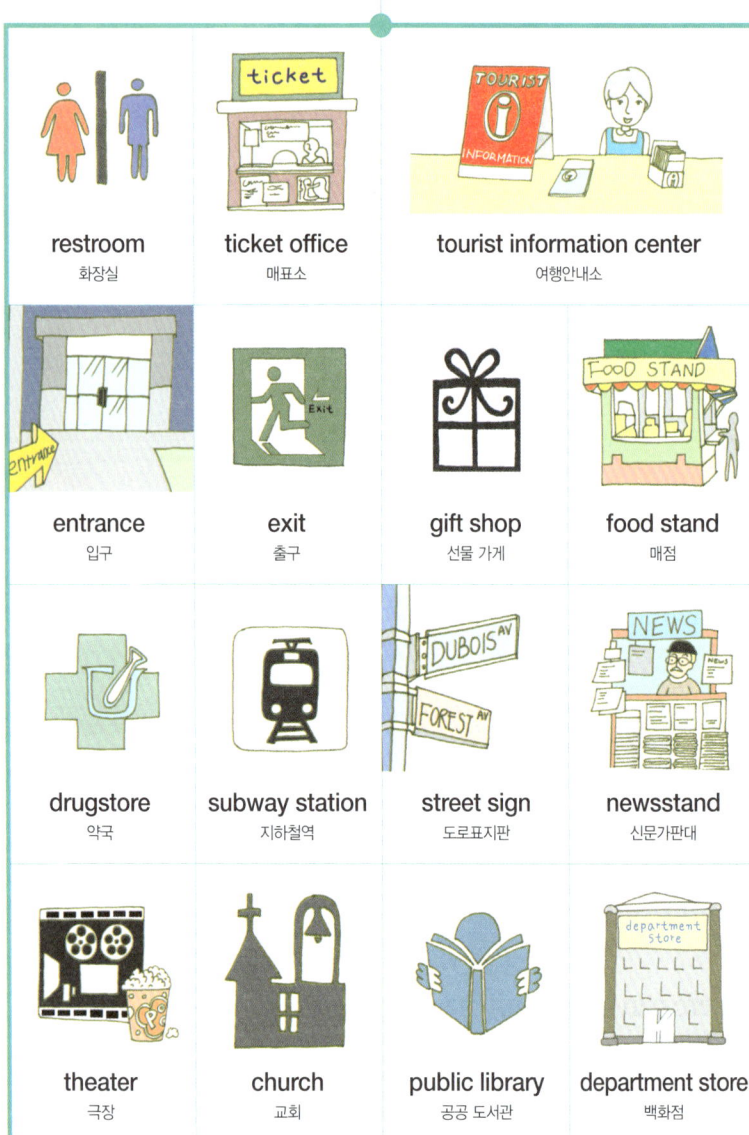

## 이것만 알아도 관광은 한다 ❷
# 공연장·극장에서

### I'd like to book a ticket.
표를 예매하고 싶은데요.

### I'd like three tickets for tonight.
오늘 저녁 공연으로 세 장 주세요.

### Can I get a ticket for 7pm, please?
7시 표 한 장 주세요.

### What are the show times?
공연 시간이 어떻게 돼요?

### What language is it in?
어느 나라말로 나오나요?

### How much are the tickets?
티켓이 얼마인가요?

### Can I get a discount?
할인 받을 수 있을까요?

### Could you take a picture of me with this?
(카메라를 건네며) 이것으로 저 좀 찍어주실래요?

### I'm sorry, but can I change seats?
죄송하지만, 좌석 좀 바꿀 수 있을까요?

# What time does it ☐ ?
몇 시에 ○○하나요?

| **start[begin]** 시작하다 | **finish[end]** 끝나다 | **open** 개장[점]하다 | **close** 폐장[점]하다 |

# Where is the/a/an ☐ ?
○○이 어디에요?

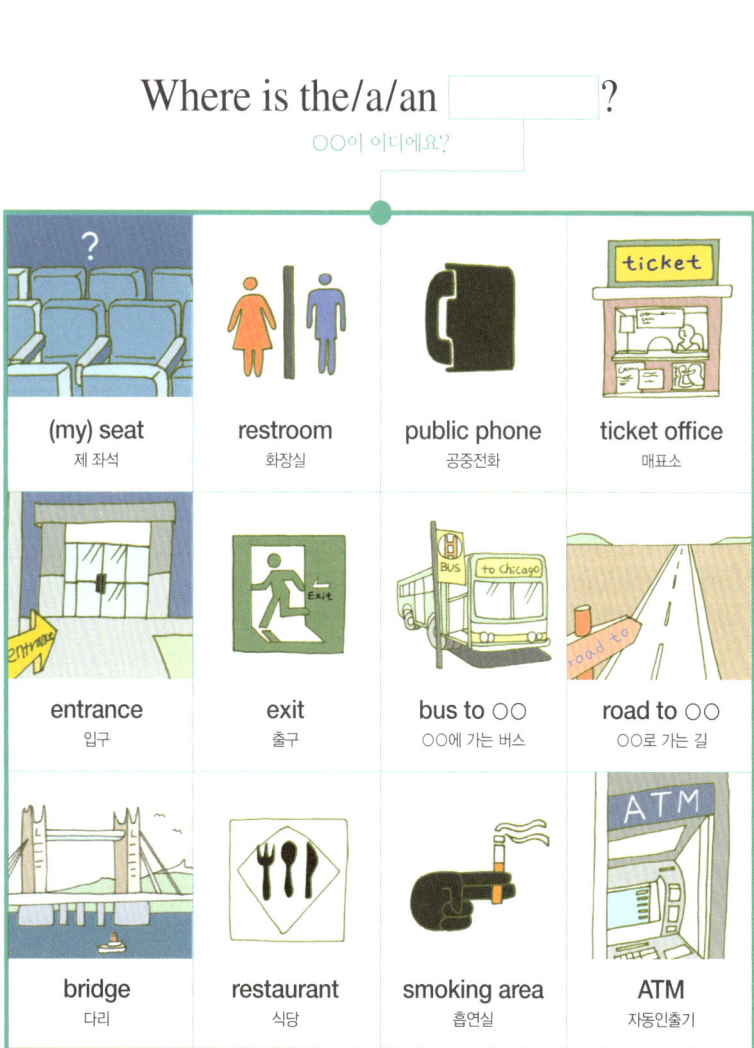

| **(my) seat** 제 좌석 | **restroom** 화장실 | **public phone** 공중전화 | **ticket office** 매표소 |
| **entrance** 입구 | **exit** 출구 | **bus to ○○** ○○에 가는 버스 | **road to ○○** ○○로 가는 길 |
| **bridge** 다리 | **restaurant** 식당 | **smoking area** 흡연실 | **ATM** 자동인출기 |

## 이것만 알아도 아무 문제 없다 ❶
# 분실·도난을 당했을 때

Lost and Found

### Help!
도와주세요!

---

### Pickpocket!
소매치기야!

---

### Thief!
도둑이야!

---

### I can't find it anywhere.
그것을 어디서도 찾을 수가 없어요.

---

### Please call the police.
경찰 좀 불러주세요.

---

### I want to contact my embassy.
대사관에 연락하고 싶습니다.

---

### Is there any Korean translator here?
여기 한국어 통역하시는 분 안 계세요?

---

### Please contact me at this number when you find it.
찾으시면 이 번호로 저한테 연락주세요.

# Where is the ☐ ?
○○이 어디예요?

| | |
|---|---|
| **lost-and-found**<br>분실물 센터 | **police station**<br>경찰서 |
| **Korean embassy**<br>한국 대사관 | **information desk**<br>안내데스크 |
| **customers service**<br>고객센터 | **public service center**<br>민원실 |

# I lost my ☐ .
제 ○○을 잃어버렸어요.

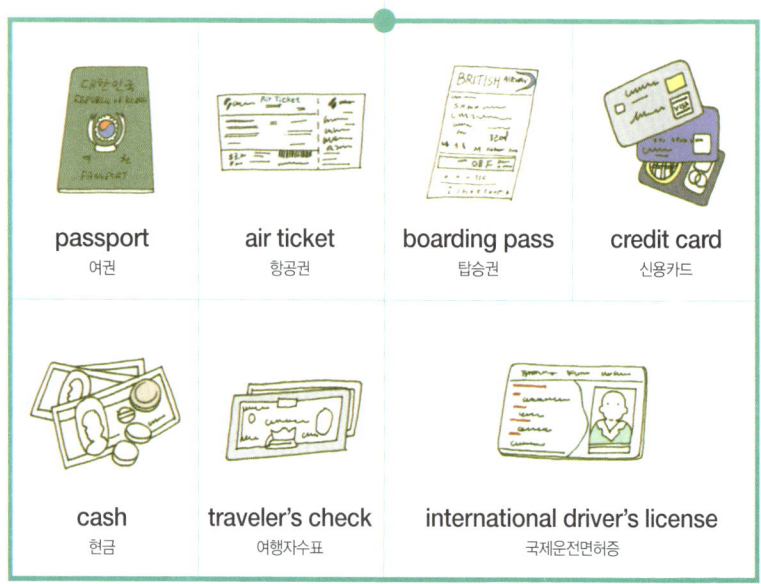

| passport | air ticket | boarding pass | credit card |
|---|---|---|---|
| 여권 | 항공권 | 탑승권 | 신용카드 |

| cash | traveler's check | international driver's license |
|---|---|---|
| 현금 | 여행자수표 | 국제운전면허증 |

■ 〈My _____ was/were stolen. 누가 제 ○○을 훔쳐갔어요〉와 함께 사용할 수 있다.

# My ▢ was/were stolen.
누가 제 ○○을 훔쳐갔어요.

| purse (여성용) 지갑/가방 | wallet (남성용) 지갑 | handbag 핸드백 | briefcase 서류가방 |
| backpack 배낭 | digital camera 디지털 카메라 | laptop computer 노트북 컴퓨터 | smartphone 스마트폰 |
| necklace 목걸이 | earrings 귀걸이 | ring 반지 | umbrella 우산 |
| sunglasses 선글라스 | tablet PC 태블릿 PC | room key 방 열쇠 | shopping bag 쇼핑봉투 |

- 〈I lost my ____. 제 ○○을 잃어버렸어요.〉와 함께 사용할 수 있다.

## 이것만 알아도 아무 문제 없다 ❷
# 은행·환전소에서

### When do you open?
언제 문 여나요?

### What time do you close?
몇 시에 문 닫으세요?

### Can I exchange money here?
여기서 환전되나요?

### I'd like to exchange ○○.
○○를 환전하고 싶은데요.

### Could you exchange this into US dollars?
이거 미화로 바꿔 주실래요?

### I'd like to get change for ○○.
○○를 잔돈으로 바꿔주세요.

### Where is the ATM machine?
자동인출기가 어디에 있어요?

### I'd like to cash this traveler's check.
이 여행자수표를 현금으로 바꾸고 싶어요.

### All of it in twenties, please.
전부 20달러짜리 지폐로 주세요.

# What's the A / B rate?

A를 B로 바꾸는데 환율이 어떻게 되나요?

| won<br>한국 | US dollar<br>미국 | yen<br>일본(엔) | yuan<br>중국(위안) |
| --- | --- | --- | --- |
| pound<br>영국(파운드) | euro<br>유럽(유로) | Australian dollar<br>호주 | Singapore dollar<br>싱가포르 |
| Hong Kong dollar<br>홍콩 | rupee<br>인도(루피) | NZ dollar<br>뉴질랜드 | peso<br>멕시코(페소) |
| dong<br>베트남(동) | Canadian dollar<br>캐나다 | baht<br>태국(바트) | Taiwan dollar<br>대만 |

- 〈What's the exchange rate of A to B? B에 대한 A의 환율이 어떻게 되나요?〉와 함께 사용할 수 있다.

# Could you ☐ ?

○○해주시겠어요?

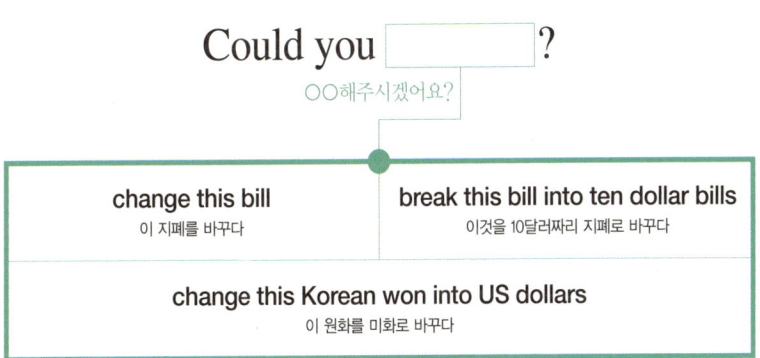

| change this bill<br>이 지폐를 바꾸다 | break this bill into ten dollar bills<br>이것을 10달러짜리 지폐로 바꾸다 |
| --- | --- |
| change this Korean won into US dollars<br>이 원화를 미화로 바꾸다 | |

## 이것만 알아도 아무 문제 없다 ❸
# 몸이 아플 때

Call an ambulance, please.
앰뷸런스 좀 불러주세요.

Please take me to a hospital.
병원까지 좀 데려다 주세요.

I've been vomiting.
계속 토했어요.

I've been sick for ○○ days.
○○일 동안 아팠어요.

Is it serious?
심각한 건가요?

Can I continue with my trip?
제가 여행을 계속 할 수 있을까요?

Does anyone here speak Korean?
여기 한국어 하시는 분 혹시 계세요?

Here is my prescription.
여기 제 처방전 있습니다.

Would it make me drowsy?
이 약 먹으면 졸리나요?

# Where is the nearest ☐ ?
가장 가까운 OO이 어디예요?

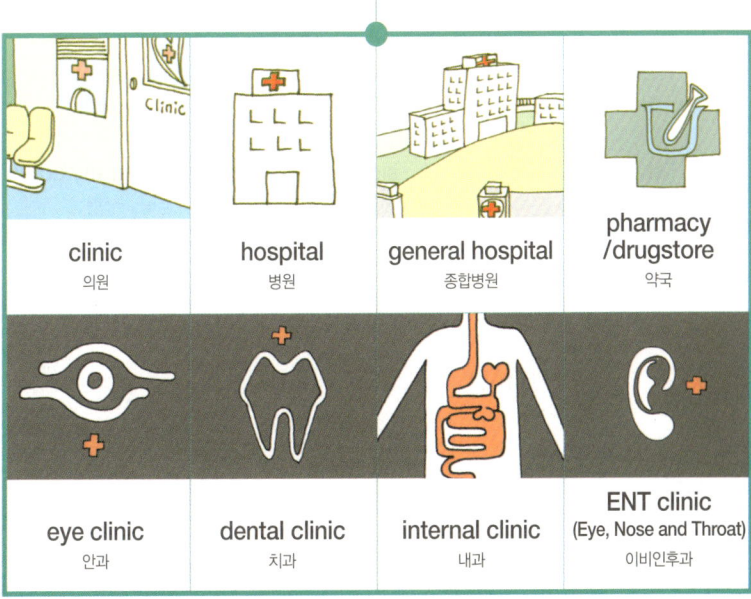

| clinic 의원 | hospital 병원 | general hospital 종합병원 | pharmacy/drugstore 약국 |
| eye clinic 안과 | dental clinic 치과 | internal clinic 내과 | ENT clinic (Eye, Nose and Throat) 이비인후과 |

# I have (a/an) ☐ .
OO에 걸렸어요/OO이 있어요.

| cold 감기 | headache 두통 | stomachache 복통 | toothache 치통 |
|---|---|---|---|
| earache 귀앓이 | diarrhea 설사 | fever 열 | cough 기침 |
| allergy 알레르기 | sore throat 목 따가움 | runny nose 콧물 | constipation 변비 |
| indigestion 소화불량 | food poisoning 식중독 | sunburn 햇빛에 탄 | travel sickness 멀미 |

# I feel ☐ .
○○해요.

| **dizzy** 어지러운 | **nauseous** 속이 메슥거리는 | **weak** 기운이 없는 |
|---|---|---|
| **shivery** 오한이 나는 | **sick** 몸이 아픈 | **pains all over my body** 온몸이 쑤시는 |

# My ☐ hurts.
○○가 아파요.

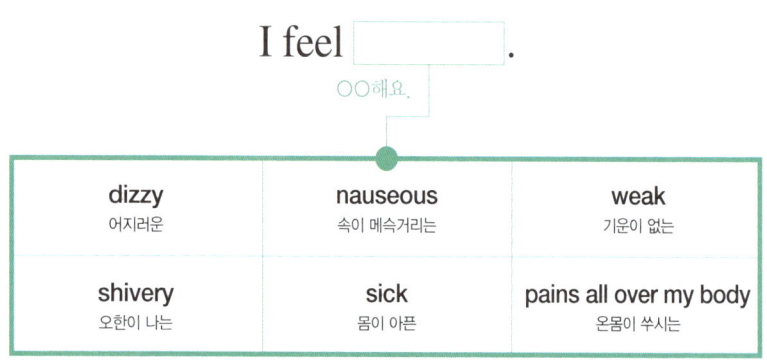

|  **shoulder** 어깨 | 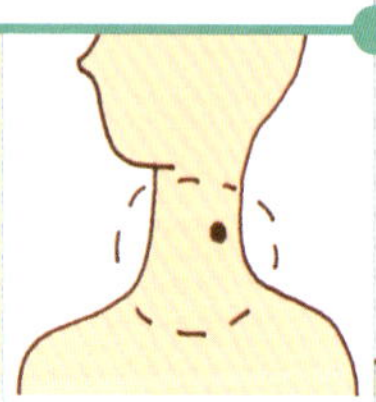 **neck** 목 | 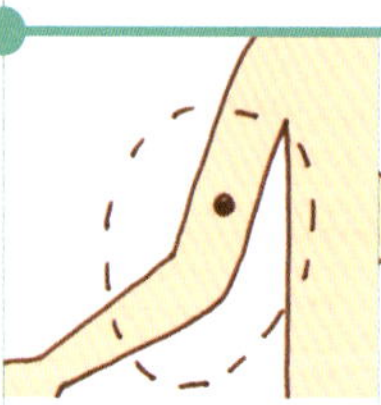 **arm** 팔 | 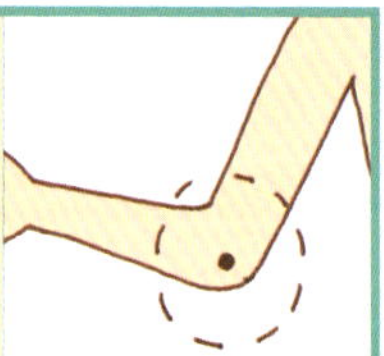 **elbow** 팔꿈치 |
|---|---|---|---|
|  **wrist** 손목 | 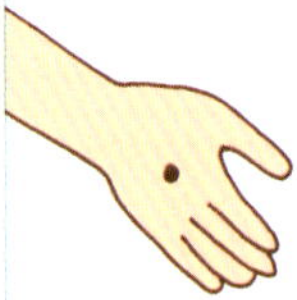 **hand** 손 | 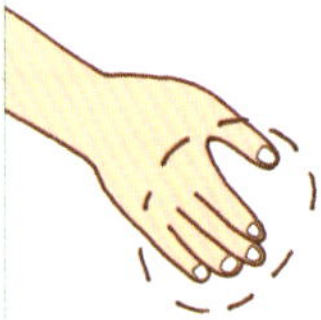 **finger** 손가락 | 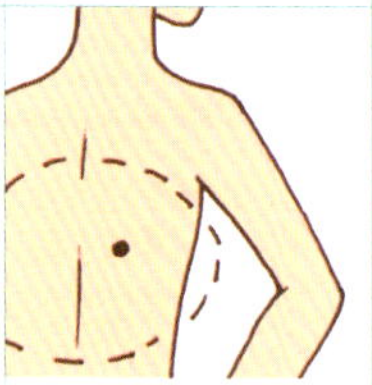 **back** 등/허리 |

- 〈I have a pain in my ____. ○○에 통증이 있어요.. I can't move my ____. ○○을 움직일 수가 없어요.〉와 함께 사용할 수 있다.

# I have a pain in my ☐.

○○에 통증이 있어요.

| | | | |
|---|---|---|---|
| **buttocks** 엉덩이 | **hip** 골반 | **leg** 다리 | **thigh** 허벅지 |
| **knee** 무릎 | **calf** 종아리 | **ankle** 발목 | **heel** 발꿈치 |
| **foot** 발 | **toe** 발가락 | **head** 머리 | **forehead** 이마 |
| **teeth** 이 | **jaw** 턱 | **chest** 가슴 | **muscle** 근육 |

- 〈My ____ hurts. ○○가 아파요.. I can't move my ____. ○○을 움직일 수가 없어요.〉와 함께 사용할 수 있다.

### 이것만 알아도 집에 돌아간다 ❶
# 현지 공항에서 출국·귀국하기

**My reservation number is ○○○.**
예약번호는 ○○○입니다.

**I've got an open ticket.**
제가 오픈 티켓을 가지고 있는데요.

**Could you put my name on the waiting list?**
제 이름을 대기자 명단에 올려주실 수 있으세요?

**I have ○○ bags to check in.**
부칠 가방이 ○○개 있습니다.

**I have one carry-on bag.**
휴대가방 하나 있습니다.

**What's the weight limit?**
무게 제한이 어떻게 되나요?

**When does boarding begin?**
탑승이 언제 시작하나요?

**Where is gate number ○○?**
○○번 게이트가 어디에요?

**How long is it delayed?**
얼마나 지연되고 있나요?

# I'd like to ☐.

○○하고 싶은데요.

| | |
|---|---|
| **confirm my reservation**<br>예약을 확인하다 | **change my reservation**<br>예약을 변경하다 |
| **cancel my reservation**<br>예약을 취소하다 | **change my departure date**<br>출발 날짜를 변경하다 |
| **check in**<br>탑승수속을 밟다 | **have an aisle[window] seat**<br>통로[창가] 쪽 좌석에 앉다 |

# I'd like to change it to ☐ ☐.

○월 ○일로 바꾸고 싶은데요.

| | | | |
|---|---|---|---|
| **January**<br>1월 | **February**<br>2월 | **March**<br>3월 | **April**<br>4월 |
| **May**<br>5월 | **June**<br>6월 | **July**<br>7월 | **August**<br>8월 |
| **September**<br>9월 | **October**<br>10월 | **November**<br>11월 | **December**<br>12월 |
| **first**<br>1일 | **second**<br>2일 | **third**<br>3일 | **forth**<br>4일 |
| **fifth**<br>5일 | **sixth**<br>6일 | **eleventh**<br>11일 | **twelfth**<br>12일 |
| **thirteenth**<br>13일 | **fourteenth**<br>14일 | **twenty second**<br>22일 | **thirty first**<br>31일 |

# Could I ☐ ?
○○ 할 수 있을까요?

| | |
|---|---|
| **have a window seat**<br>창가 쪽 좌석에 앉다 | **have an aisle seat**<br>복도 쪽 좌석에 앉다 |
| **get an emergency exit row seat**<br>비상구 앞 옆의 좌석에 앉다 | **get an upgrade to business class**<br>비즈니스 석으로 업그레이드 받다 |
| **sit with ○○**<br>○○와 함께 앉다 | **carry this on board**<br>이것을 기내에 가지고 타다 |

# This is [These are] ☐ .
이것은 ○○입니다.

| | |
|---|---|
| **my personal effects**<br>개인 휴대품 | **anchovy**<br>젓갈류 |
| **dried seafood**<br>어포류 | **seaweeds**<br>김 |
| **pottery ceramics**<br>도자기류 | **red chili paste**<br>고추장 |
| **soybean paste**<br>된장 | **instant noodles**<br>라면 |
| **Chinese medicine**<br>한약 | **medicinal herb [plant]**<br>약초 |

## 외교부 해외안전여행 영사콜센터

- **휴대폰 자동로밍일 경우**

    현지 입국과 동시에 자동으로 수신되는 영사콜센터 안내문자
    ([외교부]해외 위급상황 시 영사콜센터(+ 82 - 2 - 3210 - 0404)
    영·일·중·불·노·서어 통역가능)에서 통화 버튼으로 연결

- **유선전화·휴대폰 이용할 경우**

    **유료연결 :** 현지국제전화코드　　+ 82 - 2 - 3210 - 0404

    **무료연결 :** ① 현지국제전화코드 + 800 - 2100 - 0404 / 800 - 2100 - 1304

    　　　　　② 국제자동콜렉트콜 (Auto Collect Call)

    　　　　　③ 국가별 접속번호　+ 5 번

서바이벌 그래픽 가이드 (**Survival Graphic Guide**)는 급할 때 빠르게 표현을 찾고, 상대방과 말이 통하지 않을 때 그림을 보면서 의사를 전달할 수 있도록 구성된 이보영 여행영어회화만의 스페셜 핸디북입니다